江晓原 主编

# 科学哲学：
# 有一种追问
# 没有尽头

Philosophy
of
Science:

An Eternal Questioning

江晓原科学读本

上海教育出版社

4

# 目录

1 　导言 | 江晓原

1 　《新工具》序言 | 弗朗西斯·培根

11 　科学：猜想和反驳 | 波普尔

61 　科学与伪科学 | 拉卡托斯

73 　由于革命而进步 | T. S. 库恩

91 　关于科学终结的争论 | 杰拉尔德·霍尔顿

119 　试论科学与正确之关系
　　　——以托勒密与哥白尼学说为例 | 江晓原

133 　关于科学的三大误导 | 江晓原

149 　物理学、生物学和心理学中的哲学问题
　　　| 萨米尔·奥卡沙

177 　想象的实体：牛顿对"力"的最初思考
　　　| 吴以义

201 　何为实在 | 霍金

# 导言

江晓原

## 科学与科学精神

"什么是科学"与"什么是科学精神"都是非常难以确切回答的问题。下面是当代学者对科学的较为可取的特征描述:

A. 与现有科学理论的相容性:现有的科学理论是一个宏大的体系,一个成功的科学学说,不能和这个体系发生过多的冲突。

B. 理论的自洽性:一个学说在理论上不能自相矛盾。

C. 理论的可证伪性:一个科学理论,必须是可以被证伪的。如果某种学说无论怎么考察,都不可能被证伪,那就没有资格成为科学学说。

D. 实验的可重复性：科学要求其实验结果必须能够在相同条件下重复。

E. 随时准备修正自己的理论：科学只能在不断纠正错误不断完善的过程中发展前进，不存在永远正确的学说。

在此基础上，对于科学精神比较完整的理解也可以包括：

理性精神——坚持用物质世界自身来解释物质世界，不诉诸超自然力。

实证精神——所有理论都必须经得起可重复的实验观测检验。

平等和宽容精神——这是进行有效的学术争论时所必需的。所有那些不准别人发表和保留不同意见的做法，都直接违背科学精神。

不能将科学精神简单归结为"实事求是"或"精益求精"，尽管在科学精神中确实可以包含这两点，但"实事求是"或"精益求精"仅是常识。

并不是每一个具体的科学家个体都必然具有科学精神。

## 现代科学的源头在何处

答案非常简单：在古希腊。

如果我们从今天世界科学的现状出发回溯，我们将不得不承认，古希腊的科学与今天的科学最接近。恩格斯在《自然辩证法》中有两段名言：

如果理论自然科学想要追溯自己今天的一般原理发生和发展的历史，它也不得不回到希腊人那里去。[1]

随着君士坦丁堡的兴起和罗马的衰落，古代便完结了。中世纪的终结是和君士坦丁堡的衰落不可分离地联系着的。新时代是以返回到希腊人而开始的。——否定的否定！[2]

这两段话至今仍是正确的。考察科学史可以看出，现代科学甚至在形式上都还保留着浓厚的古希腊色彩，而今天整个科学发现模式在古希腊天文学中已经表现得极为完备。

欧洲天文学至迟自希巴恰斯以下，每一个宇宙体系都力求能够解释以往所有的实测天象，又能通过数学演绎预言未来天象，并且能够经得起实测检验。事实上，托勒密、哥白尼、第谷、开普勒乃至牛顿的体系，全都是根据上述原则构造出来的。而且，这一原则依旧指导着今天的天文学。今天的天文学，其基本方法仍是通过实测建立模型——在古希腊是几何的，牛顿以后则是物理的；也不限于宇宙模型，例如还有恒星演化模型等——然后用这模型演绎出未来天象，再以实测检验之。合则暂时认为模型成功，不合则修改模型，如此重复不已，直至成功。

在现代天体力学、天体物理学兴起之前，模型都是几何模型——从这个意义上说，托勒密、哥白尼、第谷乃至创立行星运动

---

[1] 《自然辩证法》，人民出版社，1971年，第30—31页。
[2] 《自然辩证法》，人民出版社，1971年，第170页。

三定律的开普勒,都无不同。后来则主要是物理模型,但总的思路仍无不同,直至今日还是如此。法国著名天文学家丹容在他的名著《球面天文学和天体力学引论》中对此说得非常透彻:"自古希腊的希巴恰斯以来两千多年,天文学的方法并没有什么改变。"而这个方法,就是最基本的科学方法,这个天文学的模式也正是今天几乎所有精密科学共同的模式。

有人曾提出另一个疑问:既然现代科学的源头在古希腊,那如何解释直到伽利略时代之前,西方的科学发展却非常缓慢,至少没有以急剧增长或指数增长的形式发生?或者更通俗地说,古希腊之后为何没有接着出现近现代科学,反而经历了漫长的中世纪?

这个问题涉及近来国内科学史界一个争论的热点。有些学者认为,近现代科学与古希腊科学并无多少共同之处,理由就是古希腊之后并没有马上出现现代科学。然而,中国有一句成语"枯木逢春"——当一株在漫长的寒冬看上去已经近乎枯槁的树木,逢春而渐生新绿,盛夏而枝繁叶茂,我们当然不能否认它还是原来那棵树。事物的发展演变需要外界的条件,中世纪欧洲遭逢巨变,古希腊科学失去了继续发展的条件,好比枯树在寒冬时不现新绿,需要等到文艺复兴之后,才是它枯木逢春之时。

## 科学不等于正确

在我们今天的日常话语中,"科学"经常被假定为"正确"的同义语,而这种假定实际上是有问题的。

比如，对于"托勒密天文学说是不是科学"这样的问题，很多人会不假思索地回答"不是"，理由是托勒密天文学说中的内容是"不正确的"——他说地球是宇宙的中心，而我们知道实际情况不是这样。然而这个看起来毫无疑义的答案，其实是不对的，托勒密的天文学说有着足够的科学"资格"。

因为科学是一个不断进步的阶梯，今天"正确的"结论，随时都可能成为"不够正确"或"不正确的"。我们判断一种学说是不是科学，不是依据它的结论，而是依据它所用的方法、它所遵循的程序。不妨仍以托勒密的天文学说为例稍作说明：

在托勒密及其以后一千多年的时代里，人们要求天文学家提供任意时刻的日、月和五大行星位置数据，托勒密的天文学体系可以提供这样的位置数据，其数值能够符合当时的天文仪器所能达到的观测精度，它在当时就被认为是"正确"的。后来观测精度提高了，托勒密的值就不那么"正确"了，取而代之的是第谷提供的值，再往后是牛顿的值、拉普拉斯的值等，这个过程直到今天仍在继续之中——这就是天文学。在其他许多科学门类中（比如物理学），同样的过程也一直在继续之中——这就是科学。

有人认为，所有今天已经知道是不正确的东西，都应该被排除在"科学"之外，但这种想法在逻辑上是荒谬的——因为这将导致科学完全失去自身的历史。

在科学发展的过程中，没有哪一种模型（以及方案、数据、结论、等等）是永恒的，今天被认为"正确"的模型，随时都可能被新的、更"正确"的模型所取代，就如托勒密模型被哥白尼模型所取代、哥白尼模型被开普勒模型所取代一样。如果一种模型一旦被取代，就要从科学殿堂中被踢出去，那科学就将永远只能存在于此时一瞬，它就将完全失去自身的历史。而我们都知道，科学有着两千多年的历史（从古希腊算起），它有着成长、发展的过程，它取得了巨大的成就，但它是在不断纠正错误的过程中发展起来的。

科学中必然包括许多在今天看来已经不正确的内容，这些内容好比学生作业中做错的习题，题虽做错了，却不能说那不是作业的一部分；模型（以及方案、数据、结论，等等）虽被放弃了，同样不能说那不是科学的一部分。

**唯科学主义和哲学反思**

近几百年来，整个人类物质文明的大厦都是建立在现代科学理论基础之上的。我们身边的机械、电力、飞机、火车、电视、手机、电脑……无不形成对现代科学最有力、最直观的证明。科学获得的辉煌胜利是以往任何一种知识体系都从未获得过的。

由于这种辉煌，科学也因此被不少人视为绝对真理，甚至是终极真理，是绝对正确的乃至唯一正确的知识；他们相信科学知识是至高无上的知识体系，甚至相信它的模式可以延伸到一切人类文化之中；他们还相信，一切社会问题都可以通过科学技术的发展而得到解决。这就是所谓的"唯科学主义"观点。①

正当科学家对科学信心十足，而公众对科学顶礼膜拜之时，哲学家的思考却是相当超前的。哈耶克早就对科学的过度权威忧心忡忡了，他认为科学自身充满着傲慢与偏见。他那本《科学的反革命——理性滥用之研究》（*The Counter Revolution of Science, Studies on the Abuse of Reason*），初版于1952年。从书名上就可以清楚感觉到他的立场和情绪。书名中的"革命"应该是一个正面的词，哈耶克的意思是，科学（理性）被滥用了，被用来"反革命"了。哈耶克指出，有两种思想的对立：一种是有利于创新的，或者说是"革命的"；另一种则是僵硬独断的，或者说是"不利于革命的"。

哈耶克的矛头并不是指向科学或科学家，而是指向那些认为科学可以解决一切问题的人。哈耶克认为这些人"几乎都不是显著丰富了我们的科学知识的人"，也就是说，几乎都不是很有成就的科学家。照他的意思，一个"唯科学主义"（scientism）者，很可能不是一个科学家。他所说的"几乎都不是显著丰富了我们的科学知识的人"，一部分是指工程师（大体相当于我们通常说的"工程技术人员"），另一部分是指早期的空想社会主义者及其思想的追随者。有趣的是，哈耶克将工程师和商人对立起来，他认为工程师虽然在工程方面有丰富的知识，但是经常只见树木不见森林，

---

① Scientism 通常译为"唯科学主义"，其形容词形式则为 scientistic（唯科学主义的）。

不考虑人的因素和意外的因素;而商人通常在这一点上比工程师做得好。

哈耶克笔下的这种对立,实际上就是计划经济和市场经济的对立。而且在他看来,计划经济的思想基础,就是唯科学主义——相信科学技术可以解决世间一切问题。计划经济思想之所以不可取,是因为它幻想可以将人类的全部智慧集中起来,形成一个超级的智慧,这个超级智慧知道人类的过去和未来,知道历史发展的规律,可以为全人类指出发展前进的康庄大道,而实际上这当然是不可能的。

## 从"怎么都行"看科学哲学

科学既已被视为人类所掌握的前所未有的利器,可以用来研究一切事物,那么它本身可不可以被研究?

哲学中原有一支被称为"科学哲学"(类似的命名还有"历史哲学""艺术哲学",等等)。科学哲学家中有不少原是自然科学出身,是喝着自然科学的乳汁长大的,所以他们很自然地对科学有着依恋情绪。起先他们的研究大体集中于说明科学如何发展,或者说探讨科学成长的规律,比如归纳主义、科学革命(库恩、科恩)、证伪主义(波普尔)、研究范式(库恩)、研究纲领(拉卡托斯),等等。对于他们提出的一个又一个理论,许多科学家只是表示了轻蔑——就是只想把这些"讨厌的求婚者"(极力想和科学套近乎的人)早些打发走(劳丹语)。因为在不少科学家看来,这些科学哲学理论不过是一些废话而已，没有任何实际意义和价值，当然更不会对科学发展有任何帮助。

后来情况出现了变化。"求婚者"屡遭冷遇，似乎因爱生恨，转而采取新的策略。今天我们可以看到，这些策略至少有如下几种：

1. 从哲学上消解科学的权威。这至迟在费耶阿本德的"无政府主义"理论（认为没有任何确定的科学方法，"怎么都行"）中已经有了端倪。认为科学没有至高无上的权威，别的学说（甚至包括星占学）也应该有资格、有位置生存。

这里顺便稍讨论一下费耶阿本德的学说。[①] 就总体言之，他并不企图否认"科学是好的"，而是强调"别的东西也可以是好的"。他的学说消解了科学的无上权威，但是并不会消解科学的价值。费耶阿本德不是科学的敌人——他甚至也不是科学的批评者，他只是科学的某些"敌人"的辩护者而已。

2. 关起门来自己玩。科学哲学作为一个学科，其规范早已建立得差不多了（至少在国际上是如此），也得到了学术界的承认，在大学里也找得到教职。科学家们承不承认、重不重视已经无所谓了。既然独身生活也过得去，何必再苦苦求婚——何况还可以与别的学科恋爱结婚呢。

---

[①] 费耶阿本德的著作被引进中国至少已有三种：《自由社会中的科学》（上海译文出版社，1990年）、《反对方法——无政府主义知识论纲要》（上海译文出版社，1992年）、《告别理性》（江苏人民出版社，2002年）。

3. 更进一步，挑战科学的权威。这就直接导致"两种文化"的冲突。

## "两种文化"的冲突

科学已经取得了至高无上的权威，并且掌握着巨大的社会资源，也掌握着绝对优势的话语权。而少数持狭隘的唯科学主义观点的人士则以科学的捍卫者自居，经常从唯科学主义的立场出发，对来自人文的思考持粗暴的排斥态度。这种态度必然导致思想上的冲突。一些哲学家认为，哲学可以研究世间的一切，为何不能将科学本身当作我们研究的对象？我们要研究科学究竟是怎样运作的、科学知识到底是怎样产生出来的。

这时原先的"科学哲学"就扩展为"对科学的人文研究"，于是 SSK（科学知识社会学）等学说就出来了。主张科学知识都是社会建构的，并非纯粹的客观真理，因此也就没有至高无上的权威性。

这种激进主张，当然引起了科学家的反感，也遭到一些科学哲学家的批评。著名的"科学大战"[①]"索卡尔诈文事件"[②]，等等，就反映了来自科学家阵营的反击。对于学自然科学出身的人来

---

[①] 关于"科学大战"，可参阅（美）安德鲁·罗斯主编：《科学大战》，夏侯炳、郭伦娜译，江西教育出版社，2002年。

[②] 关于"索卡尔诈文事件"及有关争论，可参阅（美）索卡尔等著：《"索卡尔事件"与科学大战——后现代视野中的科学与人文的冲突》，蔡仲等译，南京大学出版社，2002年。

说，听到有人要否认科学的客观性，在感情上往往难以接受。

这些争论，有助于加深人们对科学和人文关系的认识。科学不能解决人世间的一切问题（比如恋爱问题、人生意义问题，等等），人文同样也不能解决一切问题，双方各有各的局限。在宽容、多元的文明社会中，双方固然可以经常提醒对方"你不完美""你非全能"，但不应该相互敌视、相互诋毁，只有和平共处才是正道。

但在很长一段时间里，科学和人文这两种文化不仅没有在事实上相亲相爱，反而在观念上渐行渐远。而且很多人已经明显感觉到，一种文化正日益凌驾于另一种文化之上。眼下最严重的问题，在于工程管理方法之移用于学术研究（人文学术和自然科学中的基础理论研究）管理，工程技术的价值标准之凌驾于学术研究中原有的标准。按照哈耶克的思想来推论，这两个现象的思想根源，归根结底还是唯科学主义。

改革开放以来，科学与人文之间，主要的矛盾表现形式，已经从轻视科学与捍卫科学的斗争，从保守势力与改革开放的对立，向单纯的科学立场与新兴的人文立场之间的张力转变。中国的两种文化总体状况比较复杂：一是科学作为外来文化，与中国传统文化存在着巨大差异；二是唯科学主义已经经常在社会话语中占据不适当的地位（这在发展中国家是常见的现象）；三是新技术所造成的社会问题已经出现，如工业环境污染、互联网侵犯隐私、新媒体矮化文化等。

## 公众理解科学

科学的最终目的，应该是为人类谋幸福，而不能伤害人类。因此，人们担心某种科学理论、某项技术的发展会产生伤害人类的后果，因而产生质疑，要求展开讨论，是合理的。毕竟谁也无法保证科学技术永远有百利而无一弊。无论是对"科学主义"的质疑，还是对"科学主义"立场的捍卫，只要是严肃认真的学术讨论，事实上都有利于科学的健康发展。

如今的科学，与牛顿时代，乃至爱因斯坦时代，都已经不可同日而语了。一个最大的差别是，先前的科学可以仅靠个人来进行。事实上，万有引力和相对论，都是在没有任何国家资助的情况下完成的。但是如今的科学则成为一种耗资巨大的社会活动，而这些金钱都是纳税人的钱，因此，广大公众有权要求知道：科学究竟是怎样运作的，他们的钱是怎样被用掉的，用掉以后又有怎样的效果。

至于哲学家们的标新立异，不管出于何种动机，至少在客观上为上述质疑和要求提供了某种思想资源，而这无疑是有积极意义的。

为了协调科学与人文这两种文化的关系，一个超越传统科普概念的新提法"科学传播"开始被引进，核心理念是"公众理解科学"，即强调公众对科学作为一种人类活动的理解，而不仅是单向地向公众灌输具体的科学和技术知识。事实上，这符合"弘扬科学精神,传播科学思想,介绍科学方法,普及科学知识"的原则。

与此同时,在中国高层科学官员所发表的公开言论中,也不约而同地出现了对理论发展的大胆接纳。例如,科技部部长徐冠华在 2002 年 12 月 18 日的讲话中说:

> 我们要努力破除公众对科学技术的迷信,撕破披在科学技术上的神秘面纱,把科学技术从象牙塔中赶出来,从神坛上拉下来,使之走进民众、走向社会……越来越多的人已经不满足于掌握一般的科技知识,开始关注科技发展对经济和社会的巨大影响,关注科技的社会责任问题……而且,科学技术在今天已经发展成为一种庞大的社会建制,调动了大量的社会宝贵资源;公众有权知道,这些资源的使用产生的效益如何,特别是公共科技财政为公众带来了什么切身利益。①

**又如,时任中国科学院院长路甬祥在讲话中认为:**

> 科学技术在给人类带来福祉的同时,如果不加以控制和引导而被滥用的话,也可能带来危害。在 21 世纪,科学伦理的问题将越来越突出。科学技术的进步应服务于全人类,服务于世界和平、发展和进步的崇高事业,而不能危害人类自身。加强科学伦理和道德建设,需要把自然科学与人文社会科学紧密结合起来,超越科学的认知理性和技术的工具理性,而站在人文理性的高

---

① 《科学时报》,2003 年 1 月 17 日。

度关注科技的发展，保证科技始终沿着为人类服务的正确轨道健康发展。①

所有这一切，都不是偶然的。这是中国科学界、学术界在理论上与时俱进的表现。这些理论上的进步，又必然会对科学与人文的关系、科学传播等方面产生重大影响。2002年底，在上海召开了首届"科学文化研讨会"（上海交通大学科学史系主办），会后发表了此次会议的"学术宣言"，②对这一系列问题作了初步清理。随后出现的热烈讨论，表明该宣言已经引起学术界的高度重视。③

---

① 《人民政协报》，2002年12月17日。
② 柯文慧（江晓原定稿）：《对科学文化的若干认识——首届"科学文化研讨会"学术宣言》，载《中华读书报》，2002年12月25日。
③ 围绕这份宣言，出现在纸媒和网上的各种讨论和争论，已经形成大量文献。此后数年召开了多次科学文化研讨会，较重要的文献有：柯文慧（江晓原定稿）：《岭树重遮千里目——第四次科学文化会议备忘录》，载《科学时报》，2005年12月29日；柯文慧（江晓原定稿）：《一江春水向东流——第五次科学文化研讨会备忘录》，载《科学时报》，2007年3月15日。

# 《新工具》序言[①]

弗朗西斯·培根

| 导读 |

培根（Francis Bacon, 1561—1626）出生于英国伦敦一个官宦世家。父亲尼古拉·培根是伊丽莎白女王的掌玺大臣。12岁时被送入剑桥大学三一学院学习，在校学习期间，他对亚里士多德的哲学产生了厌恶情绪。三年后，培根作为英国驻法大使的随员到了法国。1579年，培根的父亲突然病逝，培根回国奔丧之后，进了葛莱法学院攻读法律。1582年取得了律师资格，1584年当选为国会议员。1602年，伊丽莎白去世，詹姆士一世继位。由于培根曾力主苏格兰与英格兰的合并，受到詹姆士的大力赞赏。培根因此平步青云，当年受封为爵士，1604年被任命为詹姆士的

---

[①] 拉丁文为Novum Organum，这是针对古希腊哲学家亚里士多德（Aristotle）所著《工具论》（Organum）一书而命名的。——译者注

顾问，1607年被任命为副检察长，1613年被委任为首席检察官，1616年被任命为枢密院顾问，1617年提升为掌玺大臣，1618年晋升为英格兰大法官，并被册封为男爵，1621年又被封为子爵。

1621年，培根被国会指控贪污受贿，被高级法庭判处罚金四万镑，监禁于伦敦塔内，终生逐出宫廷，不得任议员和官职。虽然后来罚金和监禁皆被豁免，但培根因此而身败名裂。从此培根不理政事，开始专心从事理论著述。1626年3月，培根正在思考雪是否会推迟生命组织的腐烂。某一天他坐着马车路过一片雪地时，突然想做一次实验，便跳下马车买了一只鸡，亲手把雪填进鸡肚。由于他身体孱弱，经受不住风寒侵袭，支气管炎复发，病情恶化，于当年4月9日病逝。

导致培根受寒而死的那次实验也许是偶然的，因为没有记载培根做过更多其他科学实验，但培根确实是以实验科学的态度进行理论阐述而名垂后世的。1620年培根出版《新工具》一书，此书是针对亚里士多德的《工具论》而写的。《工具论》论述了演绎推理法的重要性，但培根要论述的是一种新的推理法。培根争辩说：演绎法用于数学也许是正确的，但它不能用于科学。科学的规律必须是从大量特定现象中归纳出来的普遍性。

虽然与培根同时代的像哈维这样的真正实践实验科学的科学家说培根"像一个大法官一样"论述科学，但培根以最精练和通俗的语言来论述实验科学的理论，这就使得其他学者有可能接受他的理论。事实上，由于培根的影响，实验科学在英国绅士们中间广为流行。皇家学会的早期成员大多是培根实验哲学的追随者。因此，培根被认为是近代哲学史上首先提出经验论原则的哲学家。他开创了以经验为手段，研究感性自然的经验哲学新时代，对近代科学的建立起了积极的推动作用。罗素尊称培根为"给科学研究程序进行逻辑组织化的先驱"。

培根一生发表了不少作品，如处女作《论说随笔文集》（1597）、《论学术的进展》（1605）、《论古人的智慧》（1609）、《亨利七世本纪》（1622）、《新大西岛》（1623，未完成）；还留下了许多遗著，经专家学者先后整理出版的有《论事物的本性》《迷宫的线索》《各家哲学的批判》《自然界的大事》《论人类的知识》，等等。

有些人自认把自然界的法则作为已被搜寻出来和已被了解明白的东西来加以规定，无论是出于简单化的保证的口吻，或者是出于职业化的矫饰的说法，都会给哲学以及各门科学带来很大的损害。因为，他们这样做固然能够成功地引得人们相信，却也同样有效地压熄了和停止了人们的探讨；而破坏和截断他人努力这一点的害处是多于他们自己努力所获得的好处的。另一方面，亦有人采取了相反的途径，断言绝对没有任何事物是可解的——无论他们得到这种见解是由于对古代诡辩家的憎恨，或者是由于心灵的游移无准，甚至是由于对学问的专心——他们这样无疑是推进了理性对知的要求，而这正是不可鄙薄之处；但是他们既非从真的原则出发，也没有归到正确的结论，热情和骄气又把他们带

培根《新工具》书影

领得过远了。①较古的希腊人②（他们的著作已轶）则本着较好的判断在这两个极端——一个极端是对一切事物都擅自论断，另一个极端是对任何事物都不敢希望了解——之间采取了折中的立场。他们虽然经常痛苦地抱怨着探讨之不易，事物之难知，犹如不耐性的马匹用力咬其衔铁，可是他们仍毫不放松尾追他们的对象，竭力与自然相搏；他们认为（似乎是这样）事物究竟是否可解这个问题不是辩论所能解决的，只有靠试验才能解决。可是他们，由于一味信赖自己理解的力量，也不曾应用什么规矩绳墨，而是把一切事物都诉诸艰苦的思维，诉诸心灵的不断动作和运用。

至于我的方法，做起来虽然困难，说明却很容易。它是这样的：我提议建立一列通到准确性的循序升进的阶梯。感官的证验，在某种校正过程的帮助和防护之下，我是要保留使用的。至于那继感官活动而起的心灵动作，大部分我都加以排斥；我要直接以简单的感官知觉为起点，另外开拓一条新的准确的通路，让心灵循以行进。这一点的必要性显然早被那些重视逻辑③的人们所感到；他们重视逻辑就表明他们是在为理解力寻求帮助，就表明他

---

① 关于上述两种学派，参看一卷六七条。——译者注
② 参看一卷七一条。——译者注
③ 拉丁文原本中把dialectica和logica两个名词，有时交替使用，有时分别使用，而英文本一律译作logic。按：dialectica是古希腊学者们以对话问难的办法追出矛盾，求得真理，克服论敌的一种方术（为别于后来的名同而实异的"辩证法"起见，拟译为"问难术"），三段论式的逻辑是和它有联系但也有不同的。如本序言中所有"逻辑"字样，似可据原本改译。以后各条，不一一具注。——译者注

们对于心灵的那种自然的和自发的过程没有信心。但是，当心灵经过日常生活中的交接和行事已被一些不健全的学说所占据，已被一些虚妄的想象所围困的时候，这个药方就嫌来得太迟，不能有所补救了。因此，逻辑一术，既是（如我所说）来救已晚，既是已经无法把事情改正，就不但没有发现真理的效果，反而把一些错误固定起来。现在我们要想恢复一种健全和健康的情况，只剩一条途径——这就是，把理解力的全部动作另作一番开始，对心灵本身从一起始就不任其自流，而要步步加以引导；而且这事还要做得像机器所做的一样。譬如，在机械力的事物方面，如果人们赤手从事而不借助于工具的力量，同样，在智力的事物方面，如果人们也一无凭借而仅靠赤裸裸的理解力去工作，那么，纵使他们联合起来尽其最大的努力，他们所能力试和所能成就的东西恐怕总是很有限的。现在（且在这个例子上稍停来深入透视一下）我们设想有一座巨大的方塔为了要表彰武功或其他伟绩而须移往他处，而人们竟赤手空拳来从事工作，试问一个清醒的旁观者要不要认为他们是疯了呢？假如他们更去招请较多的人手，以为那样就能把事情办妥，试问这位旁观者岂不是要认为他们是疯得更厉害了么？假如他们又进而有所挑选，摒弃老弱而专用精壮有力的人手，试问这位旁观者能不认为他们更是疯到空前的程度了么？最后，假如他们还不满足于这种办法而决计求助于体育运动的方术，叫所有人手都按照运动方术的规则在手臂筋肉上抹上油、搽上药，前来办事，试问这位旁观者岂不是要喊叫出来，说他们只是在用尽苦心来表示自己疯得有方法、疯得有计划么？而人们在智力的事情方面亦正是这样来进行的——也正是同样作发疯的努力，也正是同样求无用的并力。他们也是希望从人数和合作中，或者从个人智慧的卓越和敏锐中，得出伟大的事物；是的，他们也还曾力图使用逻辑来加强理解力，正如用运动方术之加强筋肉。但是他们所有这些勤苦和努力，从一个真正的判断来说，只不过是始终使用着赤裸裸的智力罢了。实则，每一项巨大的工作，如果没有工具和机器而只用人的双手去做，无论是每人用力或者是大家合力，都显然是不可能的。

在提出这些前提之后，我还有两件事情要提醒人们不要忽视。第一点，当我想到要减少反对和愤慨，我看到可幸的结果是，古人们所应有的荣誉和尊崇并未由我而有所触动或有所降减；而我既能实现我的计划又能收到谦抑的效果。假如我宣称与古人走同一道路，而我却要产出较好的事物，那么，我和古人之间就必然会在智慧的能力或卓越性方面发生一种比较和竞赛（无论用什么技巧的词令也是不可避免的）。虽说这也并没有什么不合法或什么新奇之处——如果古人对于什么事物有了错误的了解和错误的论定，我又为什么不可使用大家所共有的自由来和它立异呢？——但是这一争论，不论怎样正当和可恕，以我的力量来自量，终将是一个不相匹敌的争论。但是，由于我的目的只是要为理解力开拓一条新路，而这条新路乃是古人所未曾试行、所未曾知道的，那么事情就完全不同了。在这里，门户派别的热气是没有了；我只是作为一个指路的向导而出现，而又是一个权威很小的职务，依赖于某种幸运者多，依赖于能力和卓越性者少。这一点仅是关于人的方面的，就说到这里。至于我要提醒人们的另一点，则是关于事情本身的。

希望大家记住，无论对于现在盛行的哪种哲学，或者对于从前已经提出或今后可能提出的比较更为正确和更为完备的哲学，我都是绝不愿有所干涉的。因为我并不反对使用这种已被公认的哲学或其他类似的哲学来供争论的题材，来供谈话的装饰，来供教授讲学之用，以至来供生活职业之用。不仅如此，我还进一步公开宣布，我所要提出的哲学是无甚可用于那些用途的。它不是摆在途中的。它不是能够在过路时猝然拾起的。它不求合于先入的概念，以谄媚人们的理解。除了它的效用和效果可以共见外，它也不会降低到适于一般俗人的了解。

因此，就让知识中有双流两派吧（这会是对二者都有好处的）；同样，也让哲学家中有两族或两支吧——二者不是敌对或相反的，而是借相互服务而结合在一起的。简言之，有一种培养知识的方法，另有一种发明知识的方法，我们就听其并存吧。

谁认为前一种知识比较可取，不论是由于他们心情急躁，或者是由于他们萦心业务，或者是由于他们缺乏智力来收蓄那另一种知识（多数人的情况必然是这样），我都愿意他们能够满其所欲、得其所求。但是如果另外有人不满足于停留在和仅仅使用那已经发现的知识而渴欲进一步有所钻掘。渴欲不是在辩论中征服论敌而是在行动中征服自然，渴欲寻求的不是那美妙的、或然的揣测而是准确的、可以论证的知识，那么，我就要邀请他们全体都作为知识的真正的儿子来和我联合起来，使我们经过罪人所踏到的自然的外院，最后还要找到一条道路来进入它的内室。现在，为使我的意思更加清楚并以命名的办法来使事物变得熟习起见，我把上述两种方法或两条道路之一叫作人心的冒测，①而另一个则叫作对自然的解释。

此外，我还有一项请求。在我自己这方面，我已决定小心和努力，不仅要使我所提出的东西是真实的，而且还要把它们表达得在不论具有怎样奇怪成见和奇怪障碍的人心之前都不粗硬，都不难受。但对另一方面，我也不能说没有理由（特别是在这样一个伟大的学术和知识的复兴工作当中）要求人们给我一种优遇作为报答，

在论战中常要求辩论的对手对自己的论点和论据做完全的考察，有时还恨不得对方去把自己阅读过的资料都读一遍。这个要求在某种程度上是过分的。对手之所以成为对手，是因为他有自己的观点和支撑这个观点的知识体系。论战双方能共同承认的只是很少量的规则。

---

① 拉丁文为 anticipatio，英译文为 anticipation；培根使用这字，有其独具的意义，一卷一九、二六两条中有确切的说明。通常译作"预测"或"推测"，似不恰当；我试译为"冒测"，以供商榷。——译者注

而这就是：假如有人要对我的那些思考形成一种意见和判断，不论是出于他们自己的观察，或者是出于一大堆权威，又或者是出于一些论证的形式（这些形式现在已经取得了像法律一样的强制力），我总请他不要希望能够于顺路一过之中来做这事；请他要把事情彻底考察一番；请他要把我所描写、所规划的道路亲身小试一下；请他要让自己的思想对经验所见证的自然的精微熟习起来；还请他要以适度的耐心和应有的迟缓把自己心上根深蒂固的腐坏习惯加以改正。当这一切都已做到而他开始成为他自己的主人时，那就请他（假如他愿意）使用他自己的判断吧。

选自《新工具》，许宝骙译，商务印书馆，1984年。

# 科学：猜想和反驳①

波普尔

| 导读 |

卡尔·波普尔（Karl Popper, 1902—1994）出生于维也纳中产者犹太家庭，进维也纳大学学习数学和物理，1928年获博士学位。1930年到1936年在中学教书。考虑到日趋增长的反犹太人情绪，于1937年移居新西兰，成为基督城坎特贝利大学讲师。1946年移居英国，进伦敦经济学院，1949年被任命为该校教授。1965年伊丽莎白二世女王册封他为爵士。1976年被选为皇家学会会员。

波普尔是证伪主义创始人，被西方学界誉为"开放社会之父"。西方学术界深

---

① 1953年夏在剑桥大学彼得豪斯学院的一篇讲演稿。作为英国协会组织的一个关于现代英国哲学发展和趋势的课程的一部分，原先以《科学哲学：本人的报告》（Philosophy of Science: a Personal Report）为题发表于C.A.梅斯编，《世纪中期的英国哲学》（British Philosophy in Mid-Century），1957年。

受波普尔学说的影响。他的证伪主义方法论，以及关于民主社会的"三大悖论"——民主悖论、宽容悖论、自由悖论，给人以深刻的启迪。他的"开放社会观"，曾引起轰动。20世纪50年代后转向本体论研究，提出"三个世界"的理论。著有《历史决定论的贫困》《开放社会及其敌人》《科学发现的逻辑》等。

波普尔在《猜想与反驳——科学知识的增长》（1963年）一书中建立了他的科学发现的方法论，即猜想—反驳方法论。波普尔从爱因斯坦和康德那里找到两个思想来源：批判和唯理主义，并把它们整合成他的"批判理性主义"。在此基础上他建立了同逻辑实证主义针锋相对的科学知识观——反归纳主义—证伪主义，其结论是：科学知识是假说。

科学就是理性不断作出的假说，而这假说不断遭到批判，即被证伪。他提出，科学和非科学的"划界标准"是"可证伪性"判据。并且，作为科学知识之表征的可证伪性还可定量地加以刻画，为此他引入了"可证伪度"的概念。这样，只有可证伪的陈述才是科学的陈述，而科学陈述的可证伪度越高，即它禁止得越多，它的经验含量就越多，也即知识含量就越多。

这样，他从这种证伪主义出发对科学作分析，突破了把知识看作静态的积累而加以逻辑分析的框框。他把科学看作知识增长的动态过程，以批判理性主义的证伪主义加以分析，从而把这一过程通过"理性重建"而复现为著名的四段图式："问题→尝试性解决→排除错误→新的问题"。波普尔就根据这个知识增长图式建立了他的"猜想—反驳方法论"。

波普尔提出,科学发现包含猜想和反驳两大环节。科学家根据问题,大胆猜想,努力按照可证伪度高的要求提出假说,这里无须经验参与。假说提出后,就进入反驳,这时要根据经验,按确认度高的要求排除错误,从而保证所接受的理论假性内容减少或不增加。这样,通过猜想—反驳,科学发现便获得逼真度高的理论。

波普尔还分别为猜想和反驳制定了具体的方法论原理。猜想原理包括:(1)理论不是始于观察,观察中渗透着理论;(2)形而上学起重要作用;(3)科学发现的心理学;(4)猜想应满足简单性、可独立检验性和不会很快就被证伪这三个要求。反驳原理可归结为三点:(1)批判;(2)排除错误;(3)判决性实验。

波普尔的最大贡献在于,从唯理主义出发建立了关于科学发现的猜想—反驳方法论,由此把逻辑实证主义开创的科学方法论研究大大推进了一步,使科学方法论研究增加了新的方面,更符合科学的实际。

# I

当我收到这门课的参加者名单,并得知我是被邀请来向我的哲学同事们讲学时,经过一番踌躇和磋商,就想到你们或许赞成我谈谈那些使我最感兴趣的问题和我最为熟悉的发展。因此我决定做一件我从未做过的事:向你们报告我从1919年秋季以来在科

> 科学与伪科学的分界可谓众说纷纭，至今尚无简单的结论。波普尔从这个问题出发，构建起了他的科学哲学体系。

学哲学方面的工作。那是我第一次开始抓住这个问题："一种理论什么时候才可以称为科学的？"或者，"一种理论的科学性质或者科学地位有没有标准？"

当时使我操心的问题既不是"一种理论什么时候才是真的"，也不是"一种理论什么时候才是可以接受的"。我的问题不是这样。我想要区别科学和伪科学，虽然很清楚科学时常弄错，而伪科学可以碰巧触及真理。

当然，对我这个问题的最公认的回答，我是知道的：科学不同于伪科学或者形而上学的地方，是它的经验方法；这主要就是归纳方法，是从观察或实验出发的。但这并不使我满意。相反，我时常把我的问题表述为区别真正的经验方法和非经验方法甚至伪经验方法的问题——也就是说，有一种方法虽然诉诸观察和实验，但仍旧达不到科学的标准。后一种方法可以占星术为例，因为占星术拥有根据观察、根据算命天宫图和根据传记所积累的大量经验证据。

但是使我提出这个问题的并不是占星

However, I am now well over 90 years old and very slow; and I have, unfortunately, several other pressing obligations. And I receive every day a lot of letters—far more than I can answer.

It may well be true that I have misunderstood Fries-Nelson: I tried **hard** to understand them. It is not easy, as you are bound to know.

I suppose (and hope) that you have access to Leonard Nelson <u>Gesammelte Schriften in Neun Bänden</u> — **9** beautiful volumes which I am fortunate to own. In volume II, p. 485 ff there are lots of things which I fail to understand, especially in Nelson's reply to Schiller. My hypothesis so far was that Nelson is unanderstandable because he is wrong: if genuine <u>Erkenntnis</u> is something that is <u>always</u> true (and only our <u>Urteile</u> can-and are - often mistaken — then, I suggest, Erkenntnis in Nelson's sense just does not exist. But I would be happy if I could see where I am in error with this <u>Urteil</u>.

I take this to be extremely important. But it is *almost as* important to have received a letter from a man who takes philosophy (or anything) seriously. I thought the breed had had died out.

Yours sincerely
Karl Popper

*Concerning Russell: have you forgotten Principles of Mathematics and Principia Mathematica?*

I cannot write more - too much pressure of urgent work.

波普尔回信手稿

术的例子，我也许还是简单叙述一下我的问题产生时的气氛和刺激它产生的那些例证为宜。在奥地利帝国崩溃之后，奥国发生了一次革命：当时的气氛充斥着革命的口号和观念，以及新的而且往往疯狂的理论。在那些使我感兴趣的理论中，爱因斯坦的相对论当然最为重要。另外还有三个，即马克思的历史学说、弗洛伊德的精神分析学和阿德勒的个体心理学。

关于这些学说，当时有不少流行的奇谈怪论，特别是关于相对论（一如今天还听到的），所幸的是那些向我介绍相对论的人都很不错。我所属的一小群学生，全都对爱丁顿在1919年第一次证实爱因斯坦引力理论的日食观测结果感到惊喜，这是第一次重要确证。这对我们来说是难得的经验，而且对我的思想发展产生了持久影响。

我提到的另外三种理论在当时的学生中也广泛被人讨论着。我自己碰巧和阿德勒有过个人接触，甚至在他的社会工作中和他合作过，因为他那时正在维也纳的工人区建立向社会开放的指导诊所，在青少年中开展社会工作。

1919年夏天，我开始对这三种理论愈来愈感到不满——即对马克思的历史学说、精神分析学和个体心理学；我对它们自称的科学地位也开始怀疑。我的问题开头大约是这样的简单形式："马克思主义、精神分析学和个体心理学的毛病在哪里？为什么它们同物理学理论、牛顿理论，特别是爱因斯坦的相对论这么不一样？"

为了使这种不同更加明显，我将解释说，当时我们里面很少有人会说我们相信爱因斯坦的引力论是真理。这表明，当时我不放心的并不是因为我怀疑另外那三种学说不是真理，而是另外一些理由。然而也不是由于我仅仅觉得理论物理学比社会学或心理学类型的学说更加精确。因此，使我不放心的既不是真理的问题（至少不是那个时期的真理问题），也不是精确性或可测量性问题。毋宁说，我觉得这另外三种学说虽然装作是科学，事实上却像原始神话而不像科学；它们更像占星术而不像天文学。

我发现，我的朋友中赞赏马克思、弗洛伊德和阿德勒的人，对这些理论的许多共同点尤其是它们明显的解释力具有深刻印象。这些理论看起来简直能够解释它们所涉及领域中所发生的一切。研究其中任何一种，似乎都会产生一种理智上的皈依或启示，让你们看到尚未入门的人所看不到的新真理。一旦你们这样打开了眼界，便会看到确证事例无所不在：世界充满了对这一理论的证实。发生的每事每物总是在确证它。因此，它的真理性看来昭然若揭；凡是不相信的人显然都是不想看到明显的真理；他们之所以拒绝看，或者是因为它违反他们的阶级利益，或者因为他们所受压抑还"未经分析"，亟待治疗。

我以为，这个情境中最有特征的因素就是不竭的确证和观察（它们"证实"这些理论）之流；它们的追随者都始终强调这一点。一个马克思主义者打开一张报纸，必定会在每一版上都看到确证他对历史的解释的证据；不仅在新闻中，而且还会在版面安排上发现这一点——这暴露了报纸的阶级偏见——当然还特别在报纸所没有说出的弦外之音中发现。弗洛伊德分析家强调说，他们的理论总是为他们的"临床观察"所证实。至于阿德勒，我由于个人经验而对他印象深刻。1919年有一次我向他报告一个病例,我觉得这个病例似乎并不特别符合于阿德勒学说,可是他却感到不难用他的自卑感理论来加以分析,虽然他甚至没有见过这个孩子。我略感吃惊,问他怎么会这样有把握。他回答说:"因为我有上千次的经验。"因此我不得不说:"我料想,由于这个新病例,你现在有了一千零一次经验。"

我在想,他以前的观察可能并不比这个新的观察更可靠多少;可是每个观察都用"以前的经验"加以解释,同时本身又成了补充的确证。我问自己,它确证了什么呢?无非是可以用这个理论解释一个病例而已。但是我想这没有什么意义,因为每个可以想到的病例都能用阿德勒理论或者同样用弗洛伊德理论加以解释。我可以用两个截然不同的人类行为的例子来说明这一点:一个人为了淹死一个小孩而把他推入水中;另一个人为了拯救这个孩子而牺牲自己的生命。弗洛伊德和阿德勒的理论可以同样容易地解释这两个事例。按照弗洛伊德,第一个人受到了压抑(比如他的恋母情结的某种成分),而第二个人则已达到升华。按照阿德勒,第一个人具有自卑感(因而可能产生了自我证明自己敢于犯罪的要求),第二个人也是这样(他的要求是自我证明敢于救这个孩子)。我不能设想,有什么人类行为不能用这两种理论来解释的。在这些理论的赞赏者看来,正是这个事实——它们总是适用,总是得到证实——构成了支持它们的最有力的论据。我开始明白,事实上,这个表面上的长处正是它们的短处。

爱因斯坦的学说就截然不同了。举个典型的例子——爱因斯坦的预言当时正被爱丁顿的那次远征的发现所证实。爱因斯坦的引力论导致一个结果，就是光必定会被重物体（如太阳）所吸引，恰恰就像物体被吸引一样。其结果可以计算出来，一颗视方位接近太阳的远恒星的光到达地球时，它射来的方向好像是稍微移开太阳一点。换言之，接近太阳的恒星望上去就好像离开太阳一点，而且相互也离开一点。这情形在正常情况下是观测不到的，因为这类恒星在白天由于太阳光线无比强烈而看不见；但在日食时却可以给它们摄影。如果同一星座在夜间也给它拍照，我们就可以计算两张照片上的距离，核对预期的效果。

这个事例之所以给人以深刻印象，是这种预测所承担的风险。如果观察表明所预期的效果肯定不存在，这个理论就干脆被否定掉：这个理论和某些可能的观测结果——事实上是爱因斯坦以前的任何人都会指望的结果——不相容。① 这和我在前面

> 可见爱丁顿发起的这个验证带来的影响之大，从下文可知这甚至触发了波普尔去构建他的证伪主义体系，尽管从专业的角度来看，这样一次验证是不完全严格的（参见《科学验证：那些天空及世间的证明》一书中《根据1919年5月29日的日全食观测测定太阳引力场中光线的弯曲》一文导读）。

---

① 这里讲得过于简单一点，因为爱因斯坦所预期的效果大约有一半可以从经典理论推算出来，只要我们假定一种光的弹道理论。

描述的情况就大不相同了；前面的情况是，弄到后来，所讨论的理论同绝无任何共同之处的人类行为都无不吻合，因此要描述任何人类行为，说它不能证实这些理论，实际上是不可能的。

这些想法使我在1919—1920年冬天作出以下的结论，现在可以重述如下。

（1）差不多任何理论我们都很容易为它找到确证或证实——如果我们寻找确证的话。

（2）只有当确证是担风险的预言所得的结果，就是说，只有当未经这个理论的启示就已经预期一个和这个理论不相容的事件——一个可以反驳这个理论的事件时，确证才算得上确证。

（3）任何"好"的科学理论都是一种禁令：它不容许某种事情发生。一种理论不容许的事情越多，就越好。

（4）一种不能用任何想象得到的事件反驳掉的理论是不科学的。不可反驳性不是（如人们时常设想的）一个理论的长处，而是它的短处。

（5）对一种理论的任何真正的检验，都是企图否证它或驳倒它。可检验性就是可证伪性；但是可检验性有程度上的不同：有些理论比别的理论容易检验，容易反驳；它们就像担当了更大的风险似的。

（6）进行确证的证据，除非是真正检验一项理论的结果，是不算数的；而这就是说，它可以看作是一项认真的但是不成功的证伪理论的尝试（我现在把这些事例称为"确证证据"）。

(7)有些真正可检验的理论,被发现是假理论,仍旧被赞美者抱着不放——例如,专为它引进某种特设性假说,或者特地为这个目的重新解释这个理论,使它逃避反驳。这种方法总是办得到的,这样"营救理论"免于被驳倒,却付出了破坏或至少降低理论的科学地位的代价(我后来把这种营救行动称为一种"约定主义曲解"或者"约定主义策略")。

所有这些可总括起来说,衡量一种理论的科学地位的标准是它的可证伪性或可反驳性或可检验性。

## II

我也许可以借前面提到的那些理论作为说明的例子。爱因斯坦的引力理论显然满足可证伪性的标准。即使我们当时的测量仪器不容许我们十分有把握地对检验的结果下断语,但是驳倒这种理论的可能性显然是存在的。

占星术经受不住这种检验。占星术士对他们所相信的确实证据极端重视和极端

> 而且传世的一些记录所谓"星占事验"的文献,如中国古代史书中的"天文志"中的内容,都是经过事后整理的,这些是寻找到的天象与人事的对应关系,是经过选择的。

迷信，以致他们对任何不利的证据都完全无动于衷。还有，他们把自己的解释和预言都讲得相当含糊，以致任何有可能驳倒他们理论的事情（假如理论和预言说得更明确一点的话），他们都能解释得通。为了逃避证伪，他们破坏了自己理论的可检验性。把预言讲得非常含糊，使预言简直不会失败，这是典型的占卜者伎俩，使预言变得无从反驳。

马克思主义的历史学说，尽管它的一些创建者和追随者做了认真的努力，最后也采取这种占卜者的做法。在这种学说的一些早期表述里（例如马克思关于"未来社会革命"的性质的分析），他们的预言是可以检验的，而且事实上已经被证伪了。[①] 然而马克思的追随者不但不接受这些证伪事例，反而重新解释这个学说和证据，以便使之相符。这样他们营救这个学说不至受到反驳；但是，这样做的代价是采纳一种使这个理论无从反驳的伎俩。这样一来他们就给予这个理论一种"约定主义曲解"，而且通过这一伎俩，他们就破坏了这个理论所大肆宣扬的科学地位。

那两种精神分析理论则属于不同的类型。它们干脆是不可检验的，无法反驳的。没有任何想象得出的人类行为能够推翻它们。这并不是说弗洛伊德和阿德勒没有把某些事情看对头：我个人并

---

① 参见波普尔《开放社会及其敌人》（*Open Society and Its Enemies*）第15章第3节。

不怀疑他们有不少的话相当重要，而且有一天会在一门可加以检验的心理学里发挥作用，但是那些精神分析家天真地认为证实他们理论的"临床观察"，的确并不比占星术士在他们的行当中找到的经常证明好到哪里去。① 至于弗洛伊德的自我、超我和伊德（Id）

---

① 像所有其他观察一样，"临床观察"也是按照理论解释的。单单由于这个理由，它们就倾向于似乎支持它们据以得到解释的那些理论。但是，真正的支持只能从作为检验进行的观察（通过"尝试的反驳"）获得；为此，必须事先制定好反驳标准，必须约定可观察情境，如果真的观察到的话，则意味着理论被反驳。可是，哪种临床反应能够满足心理分析家的要求，不仅反驳一次特定的分析诊断并且反驳心理分析本身呢？分析家有没有讨论过这种判据或者一致同意它呢？相反，不是有像"矛盾心理"（我不是说不存在像矛盾心理之类的东西）之类一整套分析概念，它们使得很难（如果不是不可能）就这种判据取得一致意见吗？再者，分析家的（有意或无意的）期望和理论对病人的"临床反应"产生多大影响，这个问题的研究已取得多大进展了呢？（更不必说故意试图通过给病人提出解释等来影响他。）几年前我引入"俄狄浦斯效应"这一术语来描述一个理论、期望或预言对它所预言或描述的那个事件的影响：人们不会忘记，导致俄狄浦斯弑父的因果链条发端于神对这个事件的预言。这类神话以此作为特有的和常见的题材，但是分析家没有注意到这一点，这也许并非偶然。（关于分析家提出的确证性的梦的问题，弗洛伊德曾经讨论过，例如在《文集》第3卷［1925年］第314页上写道："如果有人断言：可以利用来进行分析的梦大都……起因于［分析家的］提示，那么，从分析理论的观点出发，便不可能提出反对的理由。"他令人惊讶地补充说："然而这个事实中并不存在任何有损于我们结果之可靠性的东西。"）

今天看来是典型伪科学的占星术可以作为例子说明这一点。亚里士多德派和直至牛顿时代的其他理性主义者都由于错误的理由而攻击占星术——因为现在公认行星对地上（"尘世"）的事件有"影响"。事实上，牛顿的重力理论尤其是月球潮汐理论从历史上说也是占星术经验知识的产物。牛顿看来极其不愿意采纳"流行"病是由于星星"影响"那样的占星术理论。伽利略无疑由于同样理由竟然拒斥了月球潮汐理论；他对开普勒的疑虑很容易从他对占星术的疑虑中得到解释。

的宏伟诗篇，那就像荷马从奥林匹斯山收集来的那些故事一样，全都够不上科学的资格。这些理论描述了某些事实，然而是以神话的形式描述的。它们含有十分有趣的心理学启示，但是不具有可检验的形式。

同时我认识到，这种神话可加以发展，使之成为可以检验的；从历史上说，一切（或者几乎一切）科学理论都发端于神话，一个神话可能包含对科学理论的重要预言。例子有恩培多克勒的试错进化理论，或者巴门尼德的从未发生过什么的不变的整体宇宙的神话；如果我们再给它加上一个维度，便成了爱因斯坦的整体宇宙（这宇宙中也从未发生过什么，因为根据四维说，一切都是从一开始就决定了的和安排好的）。因此我感到，发现一个理论是非科学的或者"形而上学的"（我们可能这样说），并不会因此而发现它是不重要的、无关紧要的、"无意义的"或"荒谬的"。但是，不能认为它得到了科学意义上的经验证据的支持，尽管从某种发生的意义上说，它很可能是"观察的结果"。

（这种前科学或伪科学性质的理论还有许许多多，其中有一些，不幸也像马克思的历史解释一样地颇有影响；例如，种族主义的历史解释是又一种可解释一切的很有影响的理论，像天启般地感应着缺乏头脑的人们。）

因此我提出可证伪性标准所要解决的问题，既不是有没有意义的问题，也不是关于真理或可接受性的问题。它是在经验科学的陈述或陈述系统与一切其他陈述（不论是宗教性的、形而上学性的或干脆是伪科学的）之间画一条线的问题（就尽量能做到而言）。多年后——那当是1928年或者1929年——我称我这第一个问题为"分界问题"。可证伪性的标准就是解决这个分界问题的一种办法，因为它说那些陈述或者陈述系统要够得上科学，就必须能同可能的观察或想象得到的观察发生矛盾才行。

## III

当然，今天我知道这种分界标准——即可检验性，或可证伪性，或可反驳性——远非显而易见；因为直到现在，它的意义还很少为人体会到。在1920年我觉得这简直微不足道，虽然它替我解决了一个使我深感烦恼的理智问题，而且是一个具有明显的实际后果的问题（例如政治上的一些问题）。但是我还没有领会到它的全部含义和它在哲学上的重要性。当我向一个数学系的同学（现在是英国的著名数学家）解释这个问题时，他建议我把它发表。那时我觉得这简直荒唐，因为我深信我这个问题既然在我看来是这样重要，一定曾经打动过许多科学家和哲学家，而他们肯定已经找到我这种明显的解决办法。后来从维特根斯坦的著作和人们对他的著作的捧场，我才获悉事情并不是如此；因此我就在十三年后以批判维特根斯坦的意义标准的形式发表了我的研究结果。

如你们都知道的，维特根斯坦企图在他的《逻辑哲学论》里面表明（参看命题 6.53、6.54 和 5）一切所谓哲学或形而上学的命题实际上都是非命题或假命题，它们是没有意义的。一切真正的（或有意义的）命题都是描述"原子事实"——即在原则上可以用观察肯定的事实——的基本命题或原子命题的真值函项。换言之，有意义的命题完全可以简化为基本命题或者原子命题，这些命题都是描述可能事态的简单陈述，而且在原则上能通过观察加以肯定或者否定。如果我们称一个陈述为"观察陈述"，不但因为它陈述了一项实际的观察，而且还因为它陈述任何可以观察到的事情，我们就得说（按照《逻辑哲学论》5 和 4.52）任何真正的命题都必须是观察命题的一个真值函项，从而也可以从观察命题引申出来。一切其他表面的命题将是无意义的假命题，事实上只是胡说八道。

这种思想被维特根斯坦用来作为与哲学相对立的科学的特点。我们读到（如 4.11 里，他把自然科学看作是和哲学对立的）："全部的真命题就是整个的自然科学（或全部自然科学）。"这就是说，凡属于科学的命题都是那些可从真观察陈述引申出来的命题；它们是那些可用真观察陈述予以肯定的命题。如果我们能知道所有的真观察陈述，我们也将知道所有可用自然科学肯定的东西。

这等于关于分界的一个粗糙的可证实性标准。为了使它不至于太粗糙,可以改写为:"可能纳入科学领域的陈述是那些有可能用观察陈述证实的陈述;而这些陈述又是同所有的真实陈述或有意义陈述吻合的。"所以,根据这个办法,可证实性、有意义和科学性全都互相吻合了。

我个人对所谓意义问题从来不感兴趣;相反,我觉得它是个词语问题,是典型的假问题。我感兴趣的只是分界问题,即为理论的科学性寻找一个标准。恰恰是这种兴趣使我一眼就看出维特根斯坦关于意义的可证实性标准,同时也企图用来发挥一种分界标准的作用;这就使我看出,照他这样说法,这个标准是完全不适当的,即使我们撇开对于意义这个含糊概念的一切疑虑不谈。因为维特根斯坦的分界标准——在这里用我自己的用语来说——就是可证实性,或者根据观察陈述的可演绎性。但是这个标准太窄了(又太宽了):它几乎把所有事实上典型地属于科学的东西都排除掉(然而实际上并没有排除掉占星术)。任何科学陈述都从来不能从观察陈述中演绎出来,也不能描述为观察陈述的真值函项。

所有这一切,我都在各个场合向维特根斯坦派和维也纳学派成员指出过。在1931年至1932年间,我总结了自己的思想,写成了一本篇幅相当大的书(维也纳学派好几个成员都读过,但从未发表过,不过有一部分已纳入我的《科学发现的逻辑》之中);1933年我发表了致《认识》杂志的一封信,信中试图把我关于分界问题和归纳问题的思想压缩成两页。① 在这封信里和别的地方我都把意义问题同分界问题作对比，指出意义问题是个假问题。但是，维也纳学派的成员把我的贡献归结为提出了这样一种建议：用可证伪性的意义标准取代可证实性的意义标准——这实际上使我的观点变得毫无意义。② 我抗议说，我试图解决的不是他们关于意义的假问题，而是分界问题，可是这一抗议毫无作用。

然而，我对证实的抨击却产生了一些效果。它们立刻在讨论意义和无意义问题的实证主义哲学家中间引起一片混乱。作为意义标准，原来的可证实性方案至少是清晰、简单而又有力的。现

---

① 我的《科学发现的逻辑》（1959、1960、1961 年）是《研究的逻辑》（*Logik der Forschung*）（1934 年）的英译本，增添了许多注释和附录，包括这封致《认识》（*Erkenntnis*）编者的信，它最初发表于《认识》1933 年第 3 期，第 426—427 页。关于这里提到的我从未发表过的书，见 R. 卡尔纳普的论文《论记录句子》（*Ueber Protokollstäze*）（《认识》杂志，1932 年第 3 期），他在文中概述并接受了我的理论。他称我的理论为"程序 B"，并说"从不同于纽拉特（他提出了卡尔纳普所称的'程序 A'）的一种观点出发""波普尔提出了程序 B 作为他的体系的组成部分"。在详细说明了我的检验理论之后，卡尔纳普把他的观点总结如下："权衡了这里讨论的各种论据之后，我觉得在目前提出的各种科学语言形式中，带有程序 B 的第二种语言形式即这里介绍的这种形式是最恰当的……就这种……知识理论而言。"卡尔纳普的这篇论文是关于我的批判检验理论的最早发表的报道。

② 维特根斯坦所举无意义的假命题之例是："苏格拉底是同一的。"显然，"苏格拉底不是同一的"一定也是无意义的。因此，任何无意义的否定也无意义，而一个有意义陈述的否定则有意义。但是，我首先在我的《科学发现的逻辑》（如第 38 和 39 页）中指出，后来我的批评者也指出，一个可检验的（或可证伪的）陈述的否定不一定是可检验的。不难想见，把可检验性看作意义标准而不是分界标准，就会引起这种混乱。

在引入的这些修正和改变则适得其反。① 我应当说,甚至陷于混乱的那些人现在也这样看。但是,既然通常把我说成是其中之一,所以我想再次表明,尽管我引起了混乱,我却从未卷入其中。我没有把可证伪性和可检验性提出来作为意义标准;是我把这两个术语引入讨论,我承担罪责,但不是我把它们引进意义理论。

人们广泛地批判了据说是我的观点,并取得了很大成功。然而,我还是必须反驳对我观点的批判。② 同时,可检验性现在已公

---

① 误解这个问题的历史的最新例子是 A. R. 怀特的《简论意义和证实》(*Note on Meaning and Verification*)(《精神》,1954年,第63卷,第66页及以下)。我认为,怀特先生所批评的 J. L. 埃文斯的文章(《精神》,1953年,第62卷,第1页及以下)是很出色的,有独到的见地。完全可以理解,这两位作者都未能再现这段历史(在我的《开放社会》第11章注㊻、㊶和㊷中可以找到一些线索)。

② 在《科学发现的逻辑》中我讨论并答复了一些可能有的反对理由,后来果然提出了这些理由,但没有提到我的答复。反对的理由之一是这样的论点:一条自然定律的证伪正如它的证实一样不可能。我的回答是:这个反对理由混淆了两种迥然不同的分析水平(它类似于这样的反对理由:数学证明是不可能的,因为不管怎样反复检验,都不可能完全确定我们未曾放过一个错误)。在第一个水平上,有一种逻辑不对称性:一个单称陈述——例如关于水星的近日点的陈述——可以从形式上证伪开普勒定律;可是,无论多少个单称陈述都不能从形式上证实这些定律。如果有意忽视这种不对称性,就只能导致混乱。在另一水平上,我们可能对接受任何陈述甚至最简单的观察陈述也感到犹豫不决;我们可以指出,每个陈述都包含按照理论给出的解释,因此都是不确定的。这不影响基本不对称性,但它还是重要的:哈维之前的心脏解剖学家大都观察到一些错误的东西——他们所期望看到的东西,绝对不可能有什么完全可靠的、没有误解的危险的观察(这是归纳理论所以行不通的原因之一)。"经验基础"基本上就是普遍性("可再现效应")程度较低的一些理论的混合物。但事实仍然是,对于一个研究者可能冒险地接受的任何基础,他都能仅仅通过试图反驳他的理论而检验它。

认是分界的标准。

## IV

我比较详细地讨论了分界的问题，因为我相信这个问题的解决是解决科学在哲学上许多基本问题的关键。往后我将给你们一张其他一些问题的单子，但是只有一个问题能在这里详细讨论，那就是归纳问题。

我是在 1923 年对归纳问题感兴趣起来的。虽则这个问题和分界的问题关系非常密切，但是我有五年光景都没有充分领会到这种关系。

我是通过休谟接触到归纳的问题的。我觉得休谟指出归纳在逻辑上不能成立，是完全对的。他声称没有什么正确的逻辑[①]论证容许我们确认"那些我们不曾经验过的事例类似我们经验过的事例"。因此，"即使观察到对象时常或经常联结之后，我们也没有理由对我们不曾经验过的对象作出任何推论"。因为"如果说我们有经验"[②]——经验教导我们，经常同其他对象联结的对象，将继

---

① 休谟说的不是"逻辑的"而是"证明的"，我认为这样的措辞不无令人误解之处。下面两段话引自《人性论》（*Treatise of Human Nature*）第 1 册，第 3 部分，第 6、7 节（着重点均系休谟所加）。

② 这一段和下面一段话均引自《人性论》第 6 节。又见休谟的《人类理智研究》（*Enquiry Concerning Human Understanding*），第 2 部分第 4 节和他的《摘要》（*Abstract*，J. M. 凯恩斯和 P. 斯拉法 1933 年编）第 15 页，还可见于《逻辑》新附录Ⅶ，注⑥的正文。

续这样联结——休谟接着说:"我要重复我的问题,为什么我们可以从这条经验对那些我们不曾经验过的不属于以往事例的事情作出结论呢?"换句话说,企图靠诉诸经验为归纳法找根据,必然导致无穷倒退。结果是,我们可以说理论决不能从观察陈述推演出来,也不能靠观察陈述为理论寻找理性论证。

我觉得休谟对归纳推论的驳难既清楚又完备。但是我对他用习俗或习惯给归纳作心理学的解释十分不满。

人们时常注意到休谟的这种解释在哲学上是不大令人满意的。可是它原来无疑是打算作为一种心理学理论而不是作为一种哲学理论提出的;因为它企图对一件心理学事实提出一个因果性解释,说这件事实是出于(即经常连带着)习俗或习惯——也就是说在肯定规则性或经常与各种事件相连带的陈述中,我们信仰规律的事实。但即使对休谟的理论作了这样的重新表述,仍然不能令人满意;因为我刚才所称的"心理学事实"本身就可以描述为一种习俗或习惯——信仰规律或规则性的习俗或习惯;而听说这样一种习俗或习惯必须说成是应归之于(或联结于)一种习俗或者习惯(即使是一种不同的习俗或习惯),也不足为奇或者有什么启发。只有当我们想起休谟使用"习俗和习惯"这些词,正如在普通语言里一样,不仅仅用来描述有规则的行为,而且给这种习俗或习惯的起源(归之于多次的重复)提出一个理论;只有这样,我们才能把他的心理学理论陈述为一种比较满意的形式。这样我们就可以说,同其他的习惯一样,我们信仰规律的习惯是多次重复的结果——是反复观察某种事件经常联结另一种事件的结果。

这种发生心理学理论，如上面指出的，是和日常语言结合在一起的，因此远远不如休谟所设想的那样具有革命性。它无疑是一个很普通的心理学原理——不妨说是一种"常识"。但是尽管我既喜欢常识又喜欢休谟，我却深信这种心理学理论是错误的；事实上可以在纯逻辑的基础上加以反驳。

我觉得，休谟的心理学也即流行的心理学至少在下述三个不同问题上是错误的：（a）典型的重复结果；（b）习惯的产生；尤其是（c）可以说成是"对规律的信仰"或"对事件的类规律性序列的期望"的那些经验或行为模式的特点。

（a）典型的重复结果——如用钢琴重复弹奏一段高难度的乐曲——是开头需要注意而最后无需注意便可进行的动作。我们可以说，这个过程根本地缩短了，因而不再是有意识的了：它变成了"生理的"过程。这种过程根本不会造成有意识地期望事件的类规律性序列或者对规律的信仰，相反，它倒可能始于一种有意识的信仰，又通过使后者成为多余的而破坏之。学习骑自行车，我们可能带着这样的信念开始：如果我们朝着自己有可能向那边跌倒的方向骑，就能避免跌倒，因而这个信念对于指导我们的动作可能是有益的。在经过充分的练习之后，我们可能忘掉了这条规则，任何情况下我们再也不需要它了。另一方面，即使重复委实会造成无意识的期望，也仅仅在出了差错以后这些期望才变成有意识的（我们可能没有听到钟在嘀嗒嘀嗒地走，但能听到它停了)。

(b)一般地说,习惯并不产生于重复。甚至走路、说话或按时进餐的习惯也是在能重复起作用之前就已经开始了。高兴的话,我们可以说,只是在重复起了其独特作用之后习惯才称得上是"习惯";但是我们决不能说,这些习惯做法是大量重复所产生的结果。

(c)信仰一条规律,同表现出对一种事件的类规律序列的期待行为不完全一样;不过,两者的联系十分密切,可以一起探讨。在特殊事例中,它们或许纯粹来自感官印象的重复(例如时钟停止的情形),我准备承认这一点。但我坚决主张:一般情况下,并且在大多数有意义的场合,都不能这样解释。如休谟所承认的,甚至一次给人留下深刻印象的观察,可能已足以造成一种信仰或期望。休谟试图解释这事实,认为它起因于归纳习惯,是由人生以往经验到的无数长长的重复序列的结果所形成。[①] 但是我认为,这只是他试图把威胁他的理论的不利事实解释过去而做的努力;这种尝试是失败的,因为这些不利事实可以在非常年幼的动物和婴儿(实际上无论怎样年幼都可以)身上观察到。F.贝格报道说:"把一支点燃的香烟放在幼犬的鼻子旁边,它们马上就嗅,然后跑开;随便什么都无法引诱它们回到气味的所在地再去嗅。几天以后,只要看到一支香烟,甚至一个白纸卷,它们仍会作出反应:跳

---

① 《人性论》第13节,第15节,规则4。

开,打喷嚏。"① 如果我们试图用幼年很早就已有无数长长的重复序列的假设来解释这类情形,那么我们不仅是在信口开河,而且还忘掉了:在聪明幼犬的短短生活中,必定不仅给重复,而且也给大量新东西从而也给大量非重复留有机会。

不但某些经验事实不支持休谟,而且有纯逻辑性质的决定性论证可以否定他的心理学理论。

休谟学说的中心思想是以类似为根据的重复。这一思想被毫无批判地加以应用。它使我们想到穿石的水滴,想到一连串慢慢强加于我们的十分相似的事件,就像钟的嘀嗒声一样。但是我们应当认识到,按照休谟的这种心理学说,只有对我们是相似的重复,才容许对我们产生效果。我们必须对这些好像是相似的情况作出反应:把它们当作是相似的,把它们解释为重复。我们可以假定,那些聪明的幼犬以它们的反应或者行动表明,它们把第二次情况认为或者理解为第一次情况的重复:它们料想该情况的主要成分即难闻的气味是存在的。这个情况对它们之所以是重复,是因为它们的反应表明它们预期这个情况和前一情况相似。

这种显然是心理学的批判,有其纯逻辑的基础;这种基础大致上可以概括为以下的简单陈述(碰巧它就是我原来开始批判的那一种)。休谟想象的那种重复永远不能是完全的重复;他心目中

---

① F. 贝格,《论发育及其他》(*Zur Entwicklung, etc.*),《狗的研究杂志》(*Zeitschriftf. Hundeforschung*),1933 年;比较 D. 卡茨的《动物与人》(*Animals and Men*),第 6 章脚注。

的事例不可能是完全相同的事例，只能是类似的事例。因此它们只是从某种角度看来才是重复（对我起一种重复效应的事情，对一只蜘蛛可以不引起这种效应）。但是，根据逻辑的理由，这意味着一定先有一种见解——诸如一个期望、预期、假定或者兴趣的体系，才会产生重复感。因此，这种见解不可能仅仅是重复的结果①。

为了建立一种关于信念起源的心理学理论，我们必须用我们把事件理解为相似的见解，代替那事件确是相似的天真见解。但如果是这样的话（我看不出有什么办法可以不这样），休谟关于归纳的心理学理论就导致无穷的倒退，恰恰同休谟自己发现的用来破除归纳逻辑学说的另一个无穷倒退没有两样。我们想要说明的是什么呢？拿幼犬的例子来说，我们想要说明的行为，是那种可描述为把一种情况认为或理解为另一情况的重复的行为。很清楚，一旦我们意识到早先的重复也一定是对于幼犬的重复，我们便不能指望用早先的重复解释这种行为，因而恰好是同样的问题又出现了：即把一种情况认为或理解为另一种情况的重复。

说得更简明一点，我们认作的相似性是包括解释（可能不恰当）和预期或者期望（可能永远实现不了）在内的反应产物。因此我们无法如休谟建议的那样，把预期或者期望解释为多次重复造成的。即使是我们认作第一次的重复，也必然是从我们认识的相

---

① 参阅《科学发现的逻辑》附录 *x,（1）。

似性来的，也就是从期望来的——而我们想要解释的恰恰就是这种期望。

这表明休谟的心理学理论包含着无穷的倒退。

我觉得休谟从来没有承认他自己的逻辑分析的全部力量。在否定了归纳的逻辑观念之后，他就碰到下面的问题：如果归纳是一种在逻辑上站不住、在理性上讲不通的程序，那么作为一件心理—逻辑事实，我们实际上是怎样获得知识的呢？回答可以有两种：（1）我们是通过一种非归纳的程序获得知识的。这个回答会容许休谟保留一种理性主义形式。（2）我们是通过重复和归纳获得知识的，所以是通过一种在逻辑上站不住和在理性上讲不通的程序获得的，因此一切表面的知识都只是一种信念——根据习惯的信念。这个回答意味着，即使科学知识也是非理性的，因而理性主义是荒谬的，必须放弃掉（这里我不准备讨论这些现在又时兴起来的古老尝试，它们为了摆脱困境而断言，如果我们说的"逻辑"与"演绎逻辑"是一个意思，归纳在逻辑上当然是错误的，但从它自己的标准来衡量并不是非理性的，这有事实为证：每个有理性的人事实上都在应用归纳。休谟的伟大功绩在于破除了这种不加批判地把事实问题和论证合理的问题等同起来）。

看来休谟从来没有认真考虑过第一个答案。他用重复论把归纳的逻辑学说排除掉以后，就和常识妥协，通过重复很温和地容许归纳以心理学理论的伪装而卷土重来。我建议把休谟的这种学说翻一个身。我不把我们指望规则性的倾向解释为重复的结果，而建议把我们认为的重复解释为我们指望和寻找规则性倾向的结果。

这样一来我就能从纯逻辑理由出发以下述见解代替归纳的心理学理论。我们不是被动地等待重复把规则性印在或强加在我们头脑里，而是主动地企图把规则性强加给世界。我们企图在世界中发现相似性，并用我们发明的规律来解释世界。我们不等待前提就跳到结论。这个结论如果被观察证明是错的，以后就得放弃。

这就是试探错误的方法——猜想和反驳的学说。这可以使我们懂得为什么我们把解释强加于世界的企图在逻辑上先于相似性的观察。由于这种程序有逻辑理由的支持，我觉得这种程序也可以应用到科学领域里来；科学理论并不是观察的汇总，而是我们的发明——大胆提出来准备加以试探的猜想，如果和观察不合就清除掉；而观察很少是随便的观察，通常按一定目的进行，旨在尽可能获得明确的反驳根据以检验理论。

## V

科学是从观察到理论，这仍旧是人们的一个广泛而坚定的信念，因而我对这种信念的否定常常被认为是不可思议的事。我甚至被疑为不诚实——由于否定了任何有理性的人都不会怀疑的事情。

但是事实上，这种信念认为我们能够单独从纯观察出发而不带有一点点理论性的东西，是荒唐的。下面的故事可以说明这一点：一个人把一生献给自然科学，把他所能观察到的东西全都写

> 没有理论"污染"的无偏差观察是不存在的,但是观察的结果对原有理论还是会产生作用的。科学的进步就是理论和观察的互动过程。

下来,并把观察所得的无比宝贵的收获捐献给皇家学会作为归纳证据之用。这个故事应当向我们表明,虽然可以把甲壳虫很有成效地收集起来,但观察是收集不起来的。

25年以前,我曾经试图让一群在维也纳学物理的学生深切地认识到这一点,为此我在上课时首先指示他们:"拿出铅笔和纸来;仔细观察,写下你们观察到的东西!"当然,他们都问,我要他们观察什么。显然,"观察"这个指示是荒唐的[①](它甚至不合语言习惯,除非这个及物动词的宾语可以认为是不言而喻的)。观察总是有选择的。它需要选定的对象、确定的任务、兴趣、观点和问题。它的描述必须有一种拥有专门语词的描述语言;它还需要以相似和分类为前提,分类又以兴趣、观点和问题为前提。卡茨[②]写道:"一个饥饿的动物,把环境分成可以吃的东西和不可以吃的东西。一个动物在逃跑时,便寻找

---

① 见《逻辑》第30节。
② 卡茨,《动物与人》,第6章脚注。

出路和藏匿的地方。……一般说来，对象因动物的需要而变……"我们可以补充说，只有同需要和兴趣相关联，对象才可加以分类，才会变成相似的或不相似的。这条规则不仅适用于动物，也适用于科学家。对于动物来说，它的着眼点是由它的需要、当时的任务和它的期望所规定的；对于科学家来说，规定他的着眼点的，则是他的理论兴趣、特定的研究问题、他的猜想和预期以及他作为一种背景即参照系、"期望水平"来接受的那些理论。

"哪个在先，是假设（H）还是观察（O）"这个问题是可以解决的，"就像鸡（H）和鸡蛋（O）哪个先有"这个问题一样。对后一个问题的回答是，"一种较早的鸡蛋"；对前一个问题的回答是，"一种较早的假设"。诚然，我们选择的任何特殊假设在它前面都将有过一些观察——诸如它打算解释的一些观察。但是这些观察反转来又预先假定已经采纳了一种参考框架，一种期望的框架，一种理论的框架。如果这些观察是值得注意的，如果这些观察需要加以解释，因而导致人们发明一种假设，那是因为这些观察不能在旧的理论框架、旧的期望水平上加以说明。这里并没有无穷倒退的危险。如果追溯到越来越原始的理论和神话，我们最后将找到无意识的、天生的期望。

我觉得先天观念的理论是荒唐的；但是任何生物都有天生的反应；而且在这些反应里面，有些反应适应于即将到来的事件。我们可以把这类反应描述为"期望"，但并不意味着这些"期望"是有意识的。新生的婴儿就是在这个意义上期望喂奶（而且人们甚至还可论证说，期望得到保护和爱）。鉴于期望和知识之间的这种密切关系，我们甚至可以在相当合理的意义上谈论"天生的知识"。但是这种"知识"并不是先天正确的；一个天生的期望，不管它多么强烈和多么特殊，仍可以是错的（初生的婴儿可能被抛弃并饿死）。

所以我们生来就有期望，生来就有"知识"，这些知识虽则不是先天正确的，在心理学上或遗传学上却是先天的，即是说，先于一切的观察经验。这些期望里面最重要的一个，就是期望找到规则性。它和指望规则性的天生倾向，或者和寻找规则性的需要连在一起，这一点我们可以从婴儿满足了这种需要的快乐上看出来。

康德相信"因果律"是我们精神素质的一部分而且是先天正确的；而这种在心理学上是先天的、寻找规则性的"本能"期望，和康德的"因果律"非常接近。所以人们说不定会说康德没有对心理学上的先天思维或反应方式与先天正确的信念加以区别。但是我不认为他的错误会粗疏到这种地步。因为期望找到规则性不但在心理学上是先天的，而且在逻辑上也是先天的；它在逻辑上先于一切观察经验，因为如我们看到的，它先于任何对相似性的认识；而一切观察都包括对相似性（或不相似性）的认识。但是尽管在这个意义上是逻辑地先天的，这种期望并不是先天正确的。因为它可能失败：我们可以很容易制造一种环境（它会是一种致命的环境），这种环境与我们的普通环境比较起来，可以混乱得使我们完全找不到规则性（一切自然规律可以照样有效：这种环境曾被应用在下一节提到的动物实验中)。

因此康德对休谟的回答几乎可以说是正确的,原因是一个先天正确的期望和一个既在起源上又在逻辑上先于观察但不是先天正确的期望,这两者的区别确是相当微妙。但是康德证明得太多了,在企图证明知识怎样成为可能时,他提出了一种学说使我们不可避免地得出一种结论,即我们对知识的探索必然成功,这显然是错误的。当康德说,"我们的理性并不是从自然引出规律,而是把它的规律强加于自然"时,他是对的。但是认为这些规律必然是正确的,或者我们必然会成功地把这些规律加诸自然,他就错了。① 自然常常成功地拒绝我们,迫使我们放弃那些遭到反驳的规律;可是如果我们活着,我们还可以再尝试。

为了把对休谟的归纳心理学进行的这个逻辑批判总结一下,我们可以考虑建造一台归纳机的设想。当这样一台机器放在一个简化的"世界"(例如颜色计数器的某种程序)之中时,它能通过重复而"学会"甚至"提出"在它的"世界"中有效的相继定律。如果能够建造这样一台机器(我不怀疑这种可能性),那么可以证明我的理论必定是错误的;如果一台机器能够根据重复进行归纳,就没有逻辑理由阻止我们自己这样做。

---

① 康德相信,牛顿的动力学是先验的正确的(见他的《自然科学的形而上学基础》)。但是,正如康德所认为的,如果我们诉诸下述事实来解释牛顿理论的正确性:我们的理智把它的规律强加给自然,那么我认为,由此可得出结论:我们的理智在这件事上必定成功;这使人难于理解为什么获得牛顿那样的先验知识会如此困难。

这个论证似乎令人信服,却是错误的。在建造一台归纳机时,我们这些机器建造师必须先验地决定:它的"世界"是什么;哪些事物被认为是相似的或相同的;我们希望这台机器能在它的"世界"中"发现"哪种"规律"。换言之,我们必须在这台机器里面造进一个参照系,它决定其世界中有关的或感兴趣的东西:这台机器将有其"天生的"选择原则。相似性的问题将由它的制造者为它解决,因此他们要给这台机器解释这个"世界"。

## VI

我们动辄寻找规则性,把规律强加于自然。这种倾向导致教条思维的心理现象,或者更一般地导致教条的行为:我们期望规则性无所不在,试图甚至在子虚乌有的地方也找到它们;不服从这些企图的事件,我们很容易看作一种"背景噪音";我们墨守自己的期望,甚至在这些期望并不恰当、我们应当承认失败的时候也是这样。这种教条主义在一定程度上是必要的。它是只有把我们的猜想强加于世界才能应付的一种情境所要求的。此外,这种教条主义容许我们近似地分阶段地向一种良好的理论接近:如果我们过分爽快地承认失败,就可能使自己发觉不了我们非常接近于正确。

显然,这种教条的态度使我们墨守自己的最初印象,表示一种坚定的信念;相反,批判的态度,随时准备修改其信条,允许怀疑并要求检验,则表示一种不太坚定的信念。按照休谟的理论以及流行的理论，信念的强度应是重复的结果；因此，信念应当总是与经验俱增，越开化的人信念总是越强。但是，教条的思维、毫无节制地要求给以规则性以及沉溺于习惯和重复等如此这般的东西，都是原始人和儿童的特征；经验和成熟程度的增长有时养成一种审慎的、批判的态度，而不是教条的态度。

这里，我或许可以指出与精神分析学相一致的一点。精神分析家断言，精神病患者和其他人都是按照一种个人定向模式解释世界，这种定向模式不会轻易被抛弃，常常可以追溯到幼年时期。人生很早就采取的一种模式或图式往往保持终生，每个新的经验都用它来解释；可以说，每个新经验都证实它，增加它的坚固性。这正是对我所称的不同于批判态度的教条态度的描述。但是批判态度同教条态度一样迅速地采取一种期望图式——一个神话或一种猜想或假说，不过它随时准备修改、纠正乃至抛弃这种图式。我倾向于认为，大多数精神病可能是由于这种批判态度的发展受到

> 我们相信自然隐藏着规律，故而去寻找它们。规律来自自然，反过来又用于认识自然。"强加"一词似乎不妥。

一定程度抑制；是由于受抑制的而不是自然状态的教条主义；是由于对某些按图式进行的解释和反应加以修改和调整的要求受到阻遏。在有些场合，这种阻遏本身或许也可以解释为因伤害或刺激所致。伤害或刺激造成了恐惧，而且增加了对信念或确定性的需要，如同肢体受到伤害后我们怕去动它，结果它变得僵直了一样（甚至可以证明，肢体的情形不仅类似于教条的反应，而且还是这种反应的一个例子）。对任何具体情况的解释都必须考虑进行种种必要调整所涉及困难的分量。这些困难可能相当大，尤其在一个复杂而又变化不定的世界之中：我们从动物实验知道，可以随意产生不同程度的精神病行为，只要相应地改变这些困难。

我发现认识心理学和常常被认为与之相距很远的那些心理学领域——例如美术心理学和音乐心理学之间还有许多其他联系；事实上我关于归纳的许多思想都发端于有关西方复调音乐进化的猜测。不过，这里就不去讲它了。

## VII

我对休谟的心理学理论所作的逻辑批判以及与它有关的种种考虑（大部分我已在1926年至1927年间在题为《论习惯和对规律的信仰》的一篇论文中详加阐发[①]）可能显得稍稍偏离了科学哲学的领域。但是，教条思维和批判思维或者说教条态度和批判

---

[①] 一篇题为《论习惯和对规律的信仰》（*Gewohnheit und Gesetzerlebnis*）的论文，于1927年呈交维也纳城教育学院（未发表）。

态度的区分又把我们带回到我们的中心问题。因为,教条态度显然关系到这样的倾向:通过试图应用和确证我们的规律和图式来证实它们,甚至达到漠视反驳的程度,而批判态度则是准备改变它们——检验它们,反驳它们,证伪它们(如果可能的话)。这意味着,我们可以把批判态度看作是科学态度,把教条态度看作是我们所说的伪科学态度。

这进一步使人想到,从发生上说,伪科学态度比科学态度更为原始、更为在先,就是说,它是一种前科学态度。这种原始性或在先性从逻辑上说也是如此。因为,批判态度与其说同教条态度相对立,不如说叠加于后者之上:批判的目标一定在于必须对现有的有影响的信念进行批判性修正,换句话说,一定是针对教条的信念。可以说,批判态度必须以多少是作为教条而保持的理论或信念为原材料。

因此,科学必然开始于神话和对神话的批判;既不是开始于观察的集合,也不是开始于发明实验,而是开始于对神话、

"万物源于水"这样的"教条",泰勒斯不希望保存下去?

对巫术技巧和实践的批判讨论。科学传统与前科学传统的差别在于它有两个层次。像后者一样，它也把它的理论传下去，但同时还把对这些理论的批判态度传下去。这些理论不是作为教条传下去，而是敦促对它们进行讨论和改善。这个传统是希腊的，可以追溯到泰勒斯，他创立了第一个主要不是关心保存教条的学派（我不是说"第一个哲学学派"，而只是说"第一个学派"）。

批判态度，也即自由讨论理论以发现其弱点并加以改善的传统，是合理的和理性的态度。然而，它广泛利用口头的论证和观察——利用观察支持论证。希腊人发现批判方法，起先引起一种错误的希望：它会导致解决所有重大的古老问题；它会建立确实性；它会有助于证实我们的理论证明它们是合理的。这个希望是教条思维方式的残余，其实无法证明或证实任何东西（除数学和逻辑而外）。科学要求理性证明，就表明未能坚持区分合理性的广阔领域同理性确定性的狭窄领域：这是一种站不住脚的不合理要求。

然而，逻辑论证和演绎逻辑推理的作用对于批判方法仍然非常重要；这不是因为它使我们得以证明我们的理论，或者从观察陈述推出理论，而是因为只有通过纯演绎推理我们才能发现理论的含义，从而有效地批判它们。我说过，批判就是力图找出理论的弱点，而这些弱点照例只能在可从这一理论推出的比较间接的逻辑推论中找出来。纯粹逻辑推理在科学中的重要作用正在于此。

休谟正确地强调，我们的理论不可能从我们能够知其为真的东西中有效地推出来——不可能从观察也不可能从任何别的东西推出来。他由此得出结论：我们对理论的信念是非理性的。如果"信念"在这里意味着我们不能怀疑我们的自然规律以及自然规则的持久性，那么休谟又是正确的：可以说，这种教条的信念具有心理学基础而不是理性基础。然而，如果"信念"一词用来指我们对科学理论的批判接受——尝试性地接受，同时渴望，如果我们成功地设计出该理论经受不住的一种检验，就修正这一理论——那么，休谟是错误的。这样来接受理论，就毫无非理性之处。甚至为了实际目的而信赖经受了严格检验的理论，也没有什么非理性之处，我们没有什么别的理性程序可以采取。

假定我们自觉规定我们的任务是：生活在这个未知世界之中，使我们自己尽可能适应它；利用我们可能从中找到的机会；如有可能（不必假定真是这样），则尽可能借助于规律和解释性理论来解释世界。如果我们以此为我们的任务，那么，就没有比试探和除错——猜想和反驳的方法更加理性的程序。这种方法就是大胆地提出理论，竭尽我们所能表明它们的错误；如果我们的批判努力失败了，那就试探地加以接受。

从这里提出的观点看来，一切定律和理论本质上都是试探性、猜测性或假说性的，即使我们感到再也不能怀疑它们时，也仍如此。在一个理论被驳倒之前，我们怎么也无法知道必须以哪种方式修正它。太阳总是在二十四小时内东升西沉，这仍然是尽人皆知的一条"不容置疑的由归纳确立的"定律。奇怪的是,这个例子至今还在使用,尽管它在亚里士多德和马萨里亚的毕提亚斯时代已大行其道。毕提亚斯是个大旅行家,长期以来人们一直叫他说谎者,因为他讲极北地区是冰冻的海洋,半夜里出太阳。

当然,试错法并不简单等同于科学的、批判的方法——猜想和反驳的方法。不仅爱因斯坦用试错法,变形虫阿米巴也用试错法,然而它是以比较教条的方式用。二者的差别与其说在于试探,不如说在于对错误采取批判的建设性的态度;科学家有意识地、审慎地试图发现错误,以搜寻论据驳倒其理论,包括诉诸他以自己的理论和才智设计的最严格的实验检验。

批判态度可以说成是有意试图让我们的理论、猜想代替我们自己去经受适者生存的竞争。它给我们机会在不恰当的假说被排除以后仍然得以幸存——当一种更教条的态度会通过排除我们而排除这假说的时候(有一个动人的故事说,一个印第安人村社信仰生命神圣,包括老虎的生命在内,结果这个村社消亡了)。这样,通过排除不怎么合适的理论,我们便获得了可能范围内的最佳理论(我说"合适",不仅指"有用",还指真实;见后面第三章、第十章)。我并不认为,这种程序是非理性的,也不认为需要作进一步的理性论证。

## VIII

现在让我们从我们对经验心理学的逻辑批判回到我们的实际

问题——科学逻辑的问题上来。尽管就消除某些偏爱归纳的心理学成见而言,我所说的话中间,有些或许在此有助于我们,但是我对归纳的逻辑问题的处理完全独立于这种批判和任何心理学考虑。倘若你不是教条地相信我们进行归纳这个所谓的心理事实,那么你现在可以忘掉我说的一切,除了两个逻辑要点而外:我对作为分界标准的可检验性或可证伪性所作的逻辑评述,以及休谟对归纳的逻辑批判。

由以上所述,我那时感兴趣的两个问题即分界问题和归纳或科学方法问题之间显然有密切联系。显而易见,科学方法是批判即试探的证伪。然而,我花了几年时间才发现,这两个问题——分界和归纳——在某种意义上是一个问题。

我问道,为什么有那么多科学家相信归纳?我发现他们之所以这样,是因为他们相信自然科学的特征在于归纳方法——从长长的观察和实验序列出发并依赖于它们的方法。他们相信,真正的科学同形而上学或伪科学的思辨之间的差别,仅仅取决于是否应用这种归纳方法。他们相信(用我的术语来说),唯有归纳方法才能提供一个令人满意的分界标准。

我最近偶然发现,一位伟大物理学家的一本出色的书——马克斯·玻恩的《因果性和机遇的自然哲学》[①]中对这个信念作了一个有趣的表述。他写道:"归纳让我们把许多观察概括成一条一般

---

① 马克斯·玻恩,《因果性和机遇的自然哲学》(*Natural Philosophy of Cause and Chance*),牛津,1949年,第7页。

的规则：黑夜以后是白天，白天以后是黑夜……可是，日常生活中并没有归纳有效性的确定标准……科学却已为归纳的应用制定出一种法规即专业规则。"玻恩从未说明过这种归纳法规的内容（从他的话来看，它包含"归纳有效性的确定标准"）；但是他强调指出，接受归纳"是没有逻辑论据的"："它是一个信念问题"；因此，他"情愿把归纳称为一条形而上学原则"。但是，为什么他相信这种有效归纳的法规必定存在呢？这从下面一点可以明白。他谈道："不知道或者拒斥科学规则的广大居民之中，也包括反种痘协会会员和占星术信仰者。与这些人争辩是徒劳无益的；我不能强迫他们接受我所相信的有效归纳标准——科学规则的法规。"这显然表明，"有效归纳"在这里是指作为科学同伪科学分界的标准。

但很显然，这种"有效归纳"的专业规则连形而上学也不是：它根本不存在。没有什么规则能够保证从真实观察推出的概括是真实的，虽然常常重复。（尽管牛顿

> 归纳在收集经验事实阶段是需要的。演绎不能提供新颖事实，而归纳能够。

物理学取得成功,尽管玻恩相信它基于归纳,但他本人并不相信它是真实的。)科学的成功不是基于归纳规则,而是取决于运气、独创性和纯演绎的批判论证规则。

我可以把我的某些结论概述如下:

(1)归纳即基于许多观察的推理,是神话。它不是心理事实,不是日常生活事实,也不是一种科学程序。

(2)实际的科学程序是带着猜测工作,匆忙下结论——通常是在一次观察之后(如休谟和玻恩就注意到这一点)。

(3)重复的观察和实验在科学上起的作用是检验我们的猜测或假说,也即试探性反驳。

(4)传统上错误地认为,只有归纳方法才能提供分界标准。因此,对分界标准的需要加强了对归纳的错误信仰。

(5)像可证实性标准一样,这种归纳方法的观念意味着一种不完善的分界。

(6)如果我们说归纳只是使理论成为可能的而不是必然的,那也丝毫无济于事。

## IX

我已提示过,如果归纳问题只是分界问题的一个例子或一个方面,那么分界问题的解决必定也提供归纳问题的解决。我相信,事情确实如此,虽然并不那么一目了然。

为了简短说明一下归纳问题,我们可以再回到玻恩。他写道:"……观察和实验无论怎样增加,也只能提供有限次数的重复",因此,"一条定律的陈述——B 取决于 A——总是超越经验的。但这种陈述时时处处都在作出,有时还只是根据很不充足的材料。"[①]

换句话说,归纳的逻辑问题产生于(a)休谟发现(玻恩表达得很清楚):观察或实验不可能论证定律,因为它"超越经验";(b)这一事实:科学"时时处处"都在提出和运用定律(像休谟一样,玻恩也注意到"很不充足的材料",即定律可根据的只是为数很少的观察事例)。这里我们必须再加上(c)经验主义原则,它断言,在科学中唯有观察和实验能够决定接受还是拒斥科学陈述,包括定律和理论在内。

乍一看来,(a)、(b)和(c)三条原则似乎是相互冲突的;正是这种表面的冲突构成了归纳的逻辑问题。

面对这种冲突,玻恩放弃了(c)即经验主义原则(在他之前,康德以及伯特兰·罗素等许多人都这样做过),以支持他所谓的"形而上学原则";这条原则他甚至没想表述过,只是含糊地说成是一种"法规或专业规则";并且我从未看到过有什么甚至看来有希望的、不那么明显站不住脚的表述。

可是事实上,从(a)至(c)这三条原则并不冲突。我们只要认识到下述两点便可明白:科学对定律或理论的接受只是试探性

---

[①]《因果性和机遇的自然哲学》,第 6 页。

的,就是说,一切定律和理论都是猜测或试探性假说(我有时称这种观点为"假说主义");我们可以根据新证据拒斥一个定律或理论,而不必抛弃原先使我们接受它的老证据。①

经验主义原则(c)完全可以保留,因为一个理论被接受还是被拒斥,它的命运决定于观察和实验,也即决定于检验结果。只要理论经受住了我们所能设计的最严格的检验,它便被接受;否则,便被拒斥。但是,从任何意义上说来,理论都不是从经验证据推出的。无论心理的还是逻辑的归纳,都是没有的。只有理论的虚假性可从经验证据推出,而这是纯演绎推理。

休谟指出,一个理论不可能从观察陈述推出;但这不影响用观察陈述反驳一个理论的可能性。充分肯定这种可能性就会完全明了理论和观察之间的关系。

这解决了(a)、(b)和(c)三个原则所谓冲突的问题,连带也解决了休谟的归纳问题。

## X

至此我们解决了归纳问题。但是给一个古老的哲学问题找一个简单的解决办法似乎是最无必要的。维特根斯坦及其学派认为,并不存在真正的哲学问题;② 由此显然可见,这种问题是不可

---

① 我不怀疑玻恩等许多人都会赞同理论只是被试探性地接受这个观点。但是对归纳的广泛信仰表明,很少有人认识到这个观点的深刻含义。
② 维特根斯坦在1946年仍然坚持这一信念。

能解决的。与我同时代的其他人则相信哲学问题是有的,他们重视这些问题;但可能重视得过分了;他们似乎认为这些问题是无法解决的,如果不说是禁忌的话;他们对断言任何哲学问题都有简洁明了的解决办法的主张感到惊讶和厌恶。他们认为如果有解决办法,那就一定是深刻的,或者至少是复杂的。

不管怎样,我仍在期待着对我的解决办法的简洁明了的批判,这一解决办法我最初发表于1933年致《认识》杂志编者的信中,后来又发表在《科学发现的逻辑》之中。

当然,可以发明新的、不同于我所表述和解决了的那种归纳问题(表述就等于解决了一半)。但我还必须考察一下,怎样重新表述那种不能根据老的解决办法轻而易举得到解决的问题。现在来讨论某些重新表述的问题。

可以提出这样一个问题:我们实际上是怎样从一个观察陈述跳跃到一种理论的?

虽然看上去这个问题与其说是哲学的,还不如说是心理学的,但我们还是能够就此说点肯定的话而不必援引心理学。首先我们可以说,跳跃不是从观察陈述出发,而是从问题的情境出发,而得出的这个理论必然允许我们解释产生问题的那些观察(也就是说,允许从被其他公认的理论和观察陈述即所谓初始条件所加强的这个理论演绎出这些观察)。当然,这留下了为数极多的可能的理论,包括好的和坏的理论;由此看来我们的问题并没有得到回答。

但是这也很清楚地说明,当我们提出问题时,我们脑子里想的不只是"我们怎样从一个观察陈述跳跃到一种理论"。现在看来我们想的问题是:"我们怎样从一个观察陈述跳跃到一种好的理论?"但是对这个问题的回答是:首先跳跃到任何一种理论,然后加以检验以发现它是好的还是坏的;就是说,反复应用批判方法,取消许多坏的理论,发明许多新的理论。不是每个人都能做到这一点;但是舍此别无他途。

有时人们提出另一些问题。据说,原始的归纳问题是论证归纳的合理性也即归纳推理的合理性的问题。如果你对这个问题回答说,所谓"归纳推理"总是无效的,因此显然无法论证,那么就一定会产生下面的新问题:你怎么论证你的试错法呢?回答是:试错法是用观察陈述排除虚假理论的方法;论证这一点的是纯逻辑的可演绎性关系,而这可以使我们断定全称陈述的虚假性,如果我们接受单称陈述的真实性的话。

有时提出另一个问题:为什么宁取未证伪陈述而不取已证伪陈述是合理的呢?对这个问题已出现一些复杂的回答,例如实用主义的回答。但从实用主义观点看来,这问题不成为问题,因为虚假理论往往也作用得很好:工程或航海中所应用的公式大都已知是虚假的,尽管它们可能非常近似于真的,同时易于使用;而人们明知其虚假却仍在充满信心地加以使用。

唯一正确的是直截了当的回答:因为我们寻求真理(即使我们决不能肯定我们已经发现了真理),因为已证伪理论已知是或者被认为是虚假的,而未证伪理论可能仍然是真实的。此外,我们并不喜欢每一未证伪理论——只喜欢从批判的角度来看胜过其对手的理论:它解决我们的问题,很好地经受了检验,并且我们认为它是,或者确切地说我们猜测或希望(鉴于其他暂时接受的理论)它是会经受住进一步检验的。

还有人说,归纳问题即"为什么相信未来将如过去一样是合理的呢?"对这个问题的令人满意的回答应表明,这样一种信念实际上是合理的。我的答复是,相信未来将在许多极重要的方面与过去判然不同,这是合理的。人们按照未来将在许多方面如同过去一样的假设而行动,大家公认这是完全合理的;并且经受过检验的定律将继续有效(因为我们可能没有更好的据以行动的假设了);但是相信这样一种行动方针将使我们不时陷入严重困境,这同样是合理的,因为有些我们现在所信赖的定律可能很容易被证明不可靠。(别忘了那半夜的太阳!)人们甚至会说,根据过去的经验和我们的一般科学知识来判断,在那些说未来如同过去的人所想到的许多方面,未来并不像过去一样。水有时会不解渴,空气有时会闷死呼吸的人。一个明显的出路是说,在自然规律不会改变的意义上未来将像过去一样,但这是用未经证明的假定进行辩论。只有认定我们面前有一种不会改变的规则性时,我们才谈得到"自然规律";如果我们发现它变了,我们就不会再叫它是"自然规律"了。当然,我们对自然规律的探索表明,我们希望发现它们,我们相信存在自然规律;但是,我们对任何具体的自然规律的信仰,比起未能成功地驳倒它的批判尝试来说,并没有更为可靠的根据。

我认为，按照我们信念的合理性提出归纳问题的那些人如果对休谟或休谟以后的极端不相信理性感到不满，他们是完全正确的。诚然，我们必须拒斥这样的观点：对科学的信仰同对原始巫术的信仰一样不合理——两者都是接受一种"总的意识形态"、一种约定或一种基于信念的传统的问题。不过，如果我们仿效休谟，把我们的问题表达成我们的信念是否合理的问题，那么我们就得谨慎行事。我们应当把这问题一分为三——我们关于分界的老问题，即怎样区分科学和原始巫术的问题；科学的即批判的程序的合理性以及观察在其中作用的问题；最后是我们为了科学和实际目的而接受理论的合理性问题。这里对所有这三个问题都作了解答。

我们还应当小心，不要混淆两个问题，就是说不要把科学程序的合理性以及（试探性的）接受这一程序的结果（即科学理论）的合理性问题，同相信这程序将会成功是否合乎理性的问题混淆起来。在实践中，在实际的科学研究中，相信科学程序将会成功的信念无疑是不可避免的、合理的，因为没有另外的更好的选择。但是我已证明（第Ⅴ节），这信念从理论意义上说肯定是无法论证的。而且，如果根据一般的逻辑理由我们可以表明科学探索很可能成功，那就无法理解，在人类为了更多地了解我们的世界而努力不懈的漫长历史中，为什么成功一类的东西又那么罕见。

归纳问题的另一种提法是借助于概率。令 $t$ 为理论，$e$ 为证据：我们可以求 $P(t, e)$，就是说给定 $e$ 而求 $t$ 的概率。通常认为，由此可这样提出归纳问题：构造一种概率演算，使我们能够对于任何给定的经验证据 $e$ 计算出任何理论 $t$ 的概率；并表明 $P(t, e)$ 将随有利证据的积累而增加，达到很高的值——至少大于二分之一。

我在《科学发现的逻辑》中解释过，为什么我认为如此对待这个问题是根本错误的。[1] 为了说清楚这一点，我在那里引入了概率和确认（corroboration）度或确证（confirmation）度的区别（"确证"一词近来用得太多太滥，我已决定把它让给证实主义者，而我自己只用"确认"一词。"概率"这个词有许多意义，最好是在满足如凯恩斯、杰弗里斯和我所公理化的著名的概率演算的意义上使用；不过，只要我们不是不加批判地假设，确认度必然也是概率，即一定也满足概率演算，那么选择什么语词当然是无关紧要的）。

在我的书中我已解释过，我为什么对高确认度的理论感兴趣。我也解释过为什么由此得出结论说我对高概然度的理论也感兴趣则是错误的。我指出过，一个陈述（或一组陈述）总是概率越高，陈述的东西就越少：概率与陈述的内容或演绎力成反比，因而也

---

[1]《逻辑》第 10 章，尤其是第 80 至 83 节，以及第 34 节及以后。又见我的短文《一组独立概率公理》（*A Set of Independent Axioms for Probability*），《精神》，1938 年，第 47 卷，第 275 页（这篇短文后来经订正后重印于《逻辑》的新附录 ii 中）。

与解释力成反比。因此,每个令人感兴趣的有力的陈述其概率必然低;反之亦然:概率高的陈述在科学上引不起兴趣,因为它说的东西很少,没有什么解释力。尽管我们寻求高确认度的理论,但是作为科学家我们并不寻求高概然度的理论,而是寻求解释,也即寻求有力的非概然理论。① 相反的观点——科学的目标是追求高概率——这是证实主义的独特发展:如果你发现无法用归纳证实或肯定一个理论,你可以转而诉诸概率,作为确实性的"Ersatz"(替代物),以期归纳至少也可以达到同样的程度。

我比较详细地讨论了分界和归纳这两个问题。但既然我打算在这个讲演中报道一下我在这个领域所做的工作,所以我还得以

---

① 按照概率(见下注),对 $C(t,e)$ 即可满足我在《逻辑》第 82 至 83 节中所述要求的(相对于证据 $e$ 的理论 $t$ 的)确认度所下定义为:

$$C(t,e)=E(t,e)(1+P(t)P(t,e)),$$

式中 $E(t,e)=(P(e,t)-P(e))/(P(e,t)+P(e))$ 是相对 $e$ 的 $t$ 的解释力的(非叠加的)量度。注意 $C(t,e)$ 不是概率:它可以有 $-1$($t$ 为 $e$ 所反驳)和 $C(t,t)\leq +1$ 之间的值。类定律从而不可证实的陈述 $t$,甚至不可能根据经验证据 $e$ 达到 $C(t,e)=C(t,t)$。$C(t,t)$ 是 $t$ 的可确认程度,并等于 $t$ 的可检验程度或 $t$ 的内容。但鉴于前面第 I 节末第(6)点所包含的要求,我认为不可能把确认(或像我以前常说的确证)观念完全形式化。
1955 年给本文初校样增加了以下内容(又见我的短文):
《确证度》(*Degree of Confirmation*),载《英国科学哲学杂志》(*British Journal for the Philosophy of Science*)1954 年第 5 期,第 143 页及以下。我后来把这个定义简化如下(《英国科学哲学杂志》1955 年第 5 期,第 359 页):

$$C(t,e)=(P(e,t)-P(e))/(P(e,t)-P(et)+P(e))$$

进一步的改进,见《英国科学哲学杂志》1955 年第 6 期,第 56 页。

附录的形式简单介绍一下我在1934和1953年间关于其他一些问题所做的工作。这些问题大都是我在试图找出分界和归纳这两个问题的答案的各个推论时得出的。但是时间不允许我继续讲述,告诉你们我的新问题如何从老问题产生。既然我现在甚至无法讨论这些进一步的问题,所以我只得把它们列举出来,相机略加说明。但是我认为,甚至这样提一提也是有用的。这可使人对这种研究方式的丰富成果有一个观念。这有助于说明我们的问题究竟怎样;这还可能表明究竟有多少问题,从而使你们相信,不必为哲学问题是否存在或哲学的真正对象究竟是什么的问题而操心。所以,这张表暗示了我为什么不愿意同试图借助于理性论证解决问题的旧传统决裂,从而也解释了我为什么不愿意专心一意地参与现代哲学的发展、趋势和动向。

选自《猜想与反驳——科学知识的增长》,卡尔·波普尔著,傅季重、纪树立、周昌忠、蒋弋为译,上海译文出版社,1986年。

# 科学与伪科学[1]

拉卡托斯

| 导读 |

拉卡托斯（Imre Lakatos, 1922—1974）出生于匈牙利，1944年从匈牙利德布勒森大学获得数学、物理和哲学学位。二战期间成为一位活跃的共产主义者，战后在匈牙利教育部工作。1950年至1953年入狱。1956年匈牙利政治巨变中拉卡托斯逃到了维也纳，然后到达了英国。后入剑桥大学攻读哲学，1961年获得博士学位。1960年他得到伦敦经济学院的一个职位，直到去世。拉卡托斯主要进行数学哲学和科学哲学方面的著述。

拉卡托斯认为波普尔把注意力只集中到证据的支持和反驳上，不能揭示科学的合理性；而库恩的"范式"转换（详见《由于革命而进步》导读）在拉卡托斯看来没

---

[1] 本文写于1973年初，原先是一篇广播讲演稿。于1973年6月30日由开放大学播放。——原编者注

有为理论的选择提供客观的标准，陷入相对主义。因此，拉卡托斯在《科学研究纲领方法论》一书中致力于制定既客观又符合科学史的理论选择标准，在此基础上提出了理论进步、经验进步和启发法进步三个标准，以进步和退化的问题转换来评价理论的发展，依次说明理论应付反例的能力，说明理论容纳新的辅助假说以作出新预测的能力，说明理论在竞争或实验反驳的压力下赋予自己以新形式的能力，说明为什么没有判决性实验、为什么预测的失败不是决定性的因素、为什么理论只能被一个更好的理论所取代，等等。通过这些，拉卡托斯建立了一个动态的科学发展模型。该模型一定程度上揭示了科学发展的合理性，克服了波普尔和库恩理论的缺点。

尊重知识是人最突出的特征之一。拉丁文称知识为 scientia，从而 science（科学）一词便成为最受敬重的那一部分知识的名称。但是，知识与迷信、空想或伪科学的区别是什么呢？科学与伪科学的分界不全然是一个书斋里的哲学问题：它是一个与社会和政治息息相关的问题。

许多哲学家试图按照下面的说法来解决分界问题：如果足够多的人足够强烈地相信一个陈述，那么，这个陈述就构成了知识。但是，思想史告诉我们，许多人完全虔信荒唐的信仰。如果信仰的强度是知识的标志，我们就不得不把关于神灵、天使、魔鬼和天堂、地狱的某些故事看作知识。另一方面，科学家们甚至对自己最好的理论也是非常怀疑的。牛顿理论是科学所曾产生的最有力的理论,但牛顿本人从不相信超距的物体会相互吸引。因此,不管怎样虔信,都不能使信仰成为知识。实际上,科学行为的标志是甚至对自己最珍爱的理论也持某种怀疑态度。盲目虔信一个理论不是理智的美德,而是理智的罪过。

因此,即使一个陈述似乎非常"有理",每一个人都相信它,它也可能是伪科学的;而一个陈述即使是不可信的,没有人相信它,它在科学上也可能是有价值的。一个理论即使没有人理解它,更不用说相信它了,它也可能具有至高的科学价值。

一个理论的认识价值与它对人们的心智的心理影响毫无关系。信仰、虔信、理解是人类心智的状态,但理论的客观的、科学的价值与创造理论或理解理论的人类心智无关。它的科学价值只取决于这些猜测事实上所得到的客观支持。正如休谟所说的那样:

如果我们拿起任何一本书,例如,关于神学或学院形而上学的著作,让我们问一下:它包含任何涉及量或数的抽象推理吗?没有。它包含任何涉及事实和存在的经验的推理吗?没有。那就将它付之以炬,因为它含有的不过是诡辩和幻想。

但什么是"经验的"推理?如果我们看一下17世纪关于巫术的浩瀚文献,它充斥着关于认真观察和宣誓证词甚至实验的报告。早期皇家协会的住会哲学家格兰维尔把巫术看成经验推理的范例。在我们按休谟的说法去焚书之前,我们必须首先明确什么是经验推理。

在科学推理中,理论要面对事实;科学推理的主要条件之一就是理论必须得到事实的支持。那么,事实能够在多大程度上支持理论呢?

人们已经提出了几种不同的答案。牛顿本人认为事实证明了他的定律,他以不作纯假说而感到自豪:他只发表由事实得到证明的理论。尤其是,他声称他由开普勒所提供的"现象"推出了自己的定律。但他这一吹嘘大谬不然,因为,开普勒认为,行星沿椭圆轨道运行;而按照牛顿的理论,只有当行星在运行中互不干扰时,它们才沿椭圆轨道运行。但是,行星实际上是相互干扰的。这就是牛顿不得不发明摄动理论的原因,由此理论推知,任何行星都不按椭圆轨道运行。

今天,人们可以很容易地证明,从任何有限数量的事实中不可能合法地推出一条自然定律;但我们仍然不断地获悉由事实证明的科学理论。为什么对基本逻辑的

科学哲学家讨论具体的科学问题往往容易流于表面。这里有两点值得指出:(1)牛顿从开普勒三定律推得万有引力定律,这不应该是什么"吹嘘"。万有引力定律揭示行星也互相吸引,因此比开普勒定律包含更多的内容,这不妨碍牛顿从开普勒那里获得启发。(2)科学问题不能只是定性地讨论,量的考虑,尤其是量级的考虑是必须的。就行星轨道这个具体问题来说,实际运行中的行星必定受到其他行星的摄动,但这些摄动力与太阳产生的引力相比是小量。即使行星受到摄动,每一瞬间行星也都位于一个瞬时椭圆上,行星在每个瞬间位置连接成的轨迹(吻切轨道)也是椭圆。

抵抗会这样顽强呢？

对此有这样一个非常可信的说明。科学家想使自己的理论受到尊敬，配得上"科学"即真正的知识这个称号。在科学诞生的17世纪中，大多数重要的知识都与上帝、魔鬼、天堂和地狱有关。如果一个人对关于神学的事情作了错误的猜测，那么他就要为此遭到永久的谴责。神学知识是不容出错的：它必须是不容怀疑的。而启蒙运动认为我们是可以出错的；而且对神学的东西，我们是无知的。科学的神学是没有的，因而神学的知识也是不存在的。知识只能是关于自然的。但这种新型的知识却不得不根据他们直接由神学继承过来的标准加以判定：它必须被证明是确凿无疑的。科学必须达到神学未达到的那种确实性。一个名副其实的科学家是不容许猜测的：他必须由事实来证明他所说的每一句话。这就是科学诚实性的标准。未经事实证明的理论在科学界被认为是罪孽深重的伪科学和异端。

只是由于牛顿理论的垮台，才使科学家们认识到他们的诚实性标准原来是乌托邦。在爱因斯坦之前，大多数科学家认为牛顿通过事实的证明已经揭示出了上帝的最终定律。在19世纪初，安培感到他必须把自己有关对电磁学的推测的一本书叫作《明确地由实验推出的关于电动现象的数学理论》。但在该书的末尾，他漫不经心地承认有一些实验从未进行过，甚至连必要的仪器也未曾建造过！

如果所有科学理论都是同样不可证明的，那么科学知识与无知、科学与伪科学的区别是什么呢?

20世纪的"归纳逻辑学家"对这个问题提出了一个答案。归纳逻辑根据可资利用的全部证据来着手确定不同理论的概率。如果一个理论的数学概率很高,它就够得上科学的资格;如果它的概率很低,甚至概率是零,它就不是科学的。因而,科学诚实性的标志就在于永远只讲至少有很高或然性的事情。概率主义具有一个吸引人的特点:它不是在科学与伪科学之间提出一种截然分明的区别,而是提出一个从概率低的差理论到概率高的好理论的连续的尺度。但是,当代最有影响的哲学家之一卡尔·波普尔于1934年论证到,在任何特定数量的证据下,所有理论,无论是科学的理论还是伪科学的理论,其数学概率都等于零。如果波普尔是正确的,那么,科学理论不仅是同样不可证明的,而且是同样不可几的。这就需要一个新的分界标准,波普尔提出了一个相当惊人的分界标准。一个理论即使没有丝毫有利于它的证据,也可能是科学的;而即使所有的现有证据都支持一个理论,它也可能是伪科学的。也就是说,确定一个理论的科学性质或非科学性质可不依靠事实。假如人们事先就能规定出一项能够证伪理论的判决性实验(或观察),那么该理论便是"科学的";假如人们拒绝规定这样的一种"潜在证伪者",该理论便是伪科学的。但如果这样的话,我们就不是区分科学的理论和伪科学的理论,而是区分科学的方法和非科学的方法了。波普尔论者认为,如果马克思主义者准备规定一些事实,这些事实一旦被发现,就会使他们放弃马克思主义，那么，马克思主义就是科学的。如果他们拒绝这样做，马克思主义就成了伪科学。有什么可能事件将使马克思主义者放弃自己的马克思主义，向马克思主义者提出这样的问题总是有趣的。如果他虔信马克思主义，那么他必然会感到规定一种可以证伪马克思主义的情况是不道德的。因而，根据我们是否准备规定可以反驳一个命题的可观察条件，该命题或许僵化为伪科学的教条，或许变成真正的知识。

那么，波普尔的可证伪性标准解决了科学与伪科学的分界问题吗？没有。因为波普尔的标准忽视了科学理论明显的坚韧性。科学家的脸皮很厚，他们不会只因为事实与理论相矛盾就放弃理论。他们通常发明某种挽救假说以说明他们届时称为只是一种反常的东西，如果不能说明这一反常，他们便不理会它，而将注意力转向其他的问题。注意，科学家谈论的是反常、顽例，而不是反驳。当然，科学史充满了理论如何被所谓的判决性实验所扼杀的说法。但这些说法是理论被放弃之后很久才杜撰出来的。假如波普尔问牛顿派科学家，在什么实验条件下他将放弃牛顿理论，某些牛顿派科学家就会像一些马克思主义者一样不知所措。

那么，什么是科学的标志呢？难道我们不得不投降并赞同科学革命只是一种信念的非理性变化，是一种宗教的皈依吗？杰出的美国科学哲学家汤姆·库恩在发现了波普尔证伪主义的朴素性之后得出了这个结论。但是，假如库恩是正确的，那么科学与伪科学之间就没有明确的分界，科学进步与知识退化就没有区别，就没有客观的诚实性标准。那么,他能够提出什么标准以区分科学进步与知识退化呢?

最近几年,我一直在倡导科学研究纲领方法论,它解决了某些波普尔和库恩所未能解决的问题。

首先,我主张典型的描述重大科学成就的单位不是孤立的假说,而是一个研究纲领。科学决不是试错法、一系列的猜测与反驳。"所有天鹅都是白的"可以由于发现一只黑天鹅而被证伪。但这种不足道的试错法算不上是科学。例如,牛顿科学决不是四个猜测——力学三定律和万有引力定律——的组合。这四个定律只构成了牛顿纲领的"硬核",而一个巨大的辅助假说"保护带"顽强地保护这一硬核使之不致遭到反驳。更重要的是,牛顿研究纲领还有一个"启发法",即一种有力的解题手段,借助于复杂的数学技术以消化反常,甚至把反常变成肯定的证据。例如,如果一颗行星的运行出现了反常,牛顿派科学家就会检查他关于大气折射的猜测、关于光线在磁暴中传播的猜测以及成百上千的

> 水星运动的反常与天王星运动的反常几乎同时由勒威耶发现。勒威耶从天王星的反常运动预言了海王星,证实了牛顿的引力定律。但是同样按照牛顿力学预言的水内行星却不存在。水星运动的反常最终成为牛顿力学失效的证据。

其他猜测，这些猜测都是牛顿纲领的组成部分。他甚至可以发明一颗迄今不为人知的行星并计算出它的位置、质量和速度以说明行星运行的反常。

牛顿的万有引力理论、爱因斯坦的相对论、量子力学、马克思主义、弗洛伊德主义都是研究纲领，它们各有一个受到顽强保护的独特的硬核，各有自己较为灵活的保护带，并且各有自己精心考虑的解题手段。这些研究纲领在自己发展的任何阶段上，都有未解决的问题和未消化的反常。从这一意义上说，所有理论之遭受反驳是与生而来、随死而去的。但所有这些研究纲领都是同样好的吗？直到现在我还是在描述研究纲领是怎样的东西，但怎样才能区分科学的或进步的纲领与伪科学的或退化的纲领呢？

与波普尔的观点相反，它们之间的区别不在于有的纲领尚未遭到反驳，而其他的纲领已经遭到反驳。当牛顿发表他的《原理》时，它甚至不能适当地说明月球的运动，这是众所周知的；事实上，月球的

> 月球的运动非常复杂，牛顿不能适当说明月球运动的全部细节——事实上后来在牛顿力学基础上建立的完善的月球运动理论，能说明其运动的主要部分。拉卡托斯在这里说"月球的运动反驳了牛顿"有点夸大其词。事实上当时没有一种理论能比牛顿理论对月球运动作出的解释更好。

运动反驳了牛顿。就在爱因斯坦相对论发表那一年，杰出的物理学家考夫曼就反驳了相对论。但我所钦佩的所有的研究纲领都有一个共同的特点，它们都预测了新颖的事实，这些事实要么是先前的或竞争的纲领所梦想不到的，要么是实际上与先前的或竞争的纲领相矛盾的。例如，当1686年牛顿发表他的万有引力理论时，关于彗星有两种流行的理论。其中较为流行的一种理论认为彗星是上帝愤怒的信号，预示他要打击人类并使人类遭难。另一个鲜为人们所知的开普勒理论认为，彗星是沿直线运行的天体。现在，牛顿理论认为，有一些彗星沿双曲线或抛物线运行，永远不再返回；另外一些彗星沿普通的椭圆轨道运行。按牛顿纲领从事研究的哈雷，观察了一颗彗星的一段轨道，据此计算出它将在72年的时间内返回，计算出它再次出现在天空某个明确规定的点上的时刻，精确至分钟，这是难以置信的。但72年之后，牛顿和哈雷都去世很久了，哈雷彗星正像哈雷所预测的那样再次出现了。同样地，牛顿派科学家还预测了过去从未被观察到的小行星的存在及其精确的运行轨道。让我们再以爱因斯坦的纲领为例。爱因斯坦作出了惊人的预测，如果在晚上测量两颗恒星之间的距离，并且再在白天测量这两颗恒星之间的距离（在日食的时候可观察到它们），两次测量的结果将是不同的。在爱因斯坦的纲领之前，没有人想到过做这种观察。因此，在一个进步的研究纲领中，理论导致发现迄今不为人们所知的新颖事实。相反，在退化的研究纲领中，理论只是为了适应已知的事实才构造出来的。

总之，经验进步的标志不是微不足道的证实：波普尔正确地指出，这种证实当以百万计。掷石坠地，这无论重复多少次，也不是牛顿理论的成功。但波普尔所鼓吹的所谓的"反驳"也不是经验失败的标志，因为所有的纲领永远都是在大量的反常中成长的。真正重要的是戏剧性的、出乎意料的、惊人的预测：这种预测只要有几个就足以改变局面；一旦理论落后于事实，我们所论述的纲领就可悲地退化了。

那么，科学革命是怎样到来的呢？假设我们有两个竞争的研究纲领，一个是进步的，而另一个是退化的，科学家们倾向于参加进步的纲领，这就是科学革命的基本原理。但是，尽管公开竞赛记录是知识诚实性的问题，坚持一个退化的纲领并试图把它转化为进步的却不是不诚实的。

与波普尔相反，科学研究纲领方法论并不提供即时的合理性。必须宽厚地对待年轻的纲领：研究纲领可能需要几十年的时间才开始发展并成为经验上进步的纲领。批评并不是像波普尔所说的那样通过反驳很快地扼杀一个纲领。重要的批评总是建设性的：没有一个更好的理论，就构不成反驳。库恩认为科学革命是突发的、非理性的视觉变化，这是错误的。科学史驳斥了波普尔，也驳斥了库恩——仔细地观察一下就会发现，无论是波普尔的判决性实验还是库恩的科学革命，其实都是神话——通常发生的情况是进步的研究纲领取代退化的研究纲领。

科学与伪科学的分界问题对批判的制度化也具有重大的意

义。哥白尼理论在1616年被天主教教会所禁止,因为据说它是伪科学。1820年天主教教会从禁书录中解放了哥白尼理论,因为这时教会认为事实已证明了哥白尼理论,因而它成了科学的。1949年苏联共产党中央委员会宣布孟德尔遗传学是伪科学,并在集中营中处死了孟德尔遗传学的拥护者,如瓦维洛夫院士;处死瓦维洛夫之后,孟德尔遗传学被恢复了名誉。但执政党仍然持有决定什么是科学,可以发表,什么是伪科学,应该惩处的权利。西方的新自由派势力集团同样对它所认为的伪科学行使否定言论自由的权利,就像我们在关于种族和智力的辩论中所看到的那样。所有这些判定都不可避免地取决于某种分界标准。这就是为什么科学与伪科学的分界问题不是一个书斋哲学家的伪问题的原因:它有着重大的伦理意义和政治意义。

选自《科学研究纲领方法论》,(英)拉卡托斯著,
兰征译,上海译文出版社,1986年。

# 由于革命而进步

T. S. 库恩

| 导读 |

库恩（Thomas Kuhn, 1922—1996）出生于美国辛辛那提。1949年从哈佛大学获得物理学博士学位，然后留校任科学史助教。1956年接受加州大学伯克利分校一个教职，1961年成为该校科学史教授。1964年被任命为普林斯顿大学泰勒·派因（Taylor Pyne）科学史与科学哲学教授，1979年为麻省理工学院科学史与科学哲学教授，1982年荣获乔治·萨顿（George Sarton）勋章，1983年被任命为麻省理工学院劳伦斯·洛克菲勒（Launce S. Rockefeller）哲学教授。

在库恩出版的著作和发表的无数文章中，以《科学革命的结构》最为著名，写作该书时他还是哈佛大学的理论物理研究生。库恩在书中提出科学知识的获得不是稳定的、积累性的，相反，科学的进步是一系列平静期中间穿插了一系列剧烈的变革期，经历这样的突变之后，一个全新的范式取代了旧的范式。这一关于科学进步的理论在科学哲学界、科学界引起强烈反响，吸引了一大批追随者的同时，也招来不少反对意见。

　　前面几页就这本书本身而言已经提出了我对科学发展的纲要式的描述。然而，这种描述完全不能提供一个结论。只要这种描述已经完全抓住了科学继续进化的主要结构，它同时就会提出特殊的问题：为什么上面概述的这种事业应当稳定地向前进步，而艺术、政治理论或者哲学就不是这样呢？为什么进步几乎是专门留给我们叫作科学这种活动的一种特权享有的东西呢？对这个问题的最普通的回答在这本书的主体中已经被否定了。我们必须问是不是能找到代替的东西来结束它。

　　我们马上注意到，这个问题有一部分完全是语言学的。"科学"这个名词在很大范围内是留给确实明显进步的那些领域的。对于这一点，任何地方都没有关于这一门或者另一门现代社会科学是不是一门真正的科学这种经常发生的争论表现得更加清楚。这些争论在今天毫不犹豫地贴上了科学标签的各个领域的前规范时期中都有类似的情况。它们表面上的问题始终是那个使人烦恼的术语的定义。例如，人们争辩说，心理学是一门科学，因为它具有这种那种特征。其他人反对说，要使一个领域成为一门科学，那些特征或者是不必要的，或者是不充分的。往往是投入了巨大的精力，引起了巨大的热情，而局外人简直不知道是为什么。能在很大程度上取决于"科学"的定义吗？一个定义能告诉人们他是不是一个科学家吗？如果是这样，为什么自然科学家或者艺术家并不对这个术语的定义发愁呢？任何人不可避免地要怀疑，这个问题是更为基本的问题。可能真的已经提出过如下一些问题：为什么我的领域不能像比方说物理学那样向前进展呢？在技术上或者方法上或者意识形态上有什么变化会使它这样呢？可是，这些都不能答复定义上一致的问题。而且，只要来自自然科学的先例是适用的，这些先例就不再是忧虑的来源，不是在找到一个定义的时候，而是当这个集体怀疑它们自己的状况，对它们过去和现在的成就达到一致的时候。例如，经济学家们对他们的领域是不是一门科学比社会科学其他一些领域的工作者争论得较少，这也许是重要

《科学革命的结构》四版封面

的。是不是因为经济学家们懂得什么是科学，或者倒不如说他们对经济学的看法是一致的呢？

这个问题有一个反题，虽然不再只是语言学的，却可能有助于显示我们的科学观和进步观之间的无法摆脱的关系。许多世纪以来，在古代和近代欧洲的初期，绘画被认为是一种积累的学科。在那些年代里，艺术家的目的被设想为描写。像普里尼和范萨里那样的批评家和历史学家，那时以崇敬的心情记录了一系列发明，从按照透视法缩短起，通过明暗对照法，已经有可能比较完备地描述自然界了。[①] 但是，那些年代特别是文艺复兴时期，也是科学和艺术之间感到了一点分裂的时期。列奥纳多是许多人中唯一的一个能在各领域之间自由地来往的人，这些领域只是在后来才明确地加以区分的。[②] 而且，即使在这种稳定的交换已经停止以后，"艺术"这个术语继续同样地用于技术和工艺，它们像绘画和雕刻一样，也被看成是向前进步的。只有当后者明确地抛弃了以艺术作品作为它们的目的，并开始重新学习原始模型时，这种分裂才呈现像它现在这样的深度，我们现在已经认为这是当然的事了。即使在今天，要再一次变换领域，我们的部分困难就在于要看出科学和技术之间的深刻

---

[①] E. H. 戈姆勃列希，《艺术和幻想：绘画艺术作品的心理学研究》（纽约，1960年，英文版），第11—12页。

[②] E. H. 戈姆勃列希，《艺术和幻想：绘画艺术作品的心理学研究》（纽约，1960年，英文版），第97页；乔治·桑蒂兰纳，《艺术在科学的文艺复兴时期中的作用》，见《科学史的重要问题》，M. 克拉克特编（麦迪逊，威斯康星，1959年，英文版），第33—65页。

的差别,必然与进步是这两个领域的明显属性有关。

可是,认识到我们倾向于看出进步是科学的任何领域的标志,只能澄清,而不能解决我们的困难。为什么进步竟会是这本书已经描述的用这种技术和目标处理的一种事业的如此值得注意的一种特征呢?这个问题仍然有待理解。这个问题证明是几合一的,而且我们必须分别考察它们中间的每一个问题。可是,归根到底,它们的解决将部分地依赖于我们对科学活动和从事科学的团体之间的正常的关系。我们必须学会认清通常被看成是效果的原因。只要我们能做到这一点,"科学进步"甚至"科学的客观性"这类空话也许看来好像在某种程度上是多余的。事实上,这种多余的一个方面刚才已经说明过了。是不是一个领域获得进步就因为它是一门科学,或者它是一门科学就因为它获得进步?

现在,请问为什么像常规科学那样一种事业竟会进步,并从回想它的一些最明显的特征开始?按正规,一个成熟科学团体的成员,都按一个单一的规范或者按一套密切相关的规范工作。不同的科学团体研究同样的问题是很少的。这种团体同时持有几种主要规范是例外。可是,从任何一个团体内部来看,科学家也好,不是科学家也好,成功的创造性工作的结果是进步的。它怎么可能是别的什么东西呢?例如,我们刚才已经注意到,当艺术家的目的在于他们的艺术作品时,评论家和历史学家两者都记述了这种明显地统一了的团体的进步。其他创造性的领域显示出同类的进步。神学家明确地讲教条,哲学家推敲康德主义者献给进步的规则。只要这个团体共同利用他的前提。有创造性的学派不承认一种工作一方面是一个创造性的成就，但另一方面又没有增加这个集体的成就。如果我们像许多人所做的那样，怀疑和科学的领域获得进步，那就不可能是因为个别学派没有获得任何东西。倒不如说，这必然是因为总是有一些竞争着的学派，每一个学派都经常不断地分析其他学派的真实的基础。例如，有人争辩说，哲学就没有获得进步，这种人强调，还是有亚里士多德主义者，而不是强调，亚里士多德主义已经不能进步了。

可是，对进步的这些怀疑，在科学中也出现了。整个前规范时期有大量竞争着的学派，除了在学派范围以内，进步的证据是很难找到的。这是在第二章中描述过的时期，在这种时期里，个人从事科学，但是，正如我们知道的，他们从事的事业的结果并不就意味着科学。还有，在革命时期，当一个领域的基本原则再一次成为问题时，只要采纳了这种或者那种相反的规范，对继续进步的可能性本身就会反复地表示怀疑。那些抛弃牛顿主义的人们声称，牛顿主义依靠固有的人会使科学回到黑暗时代。那些反对拉瓦锡的化学的人们主张，抛弃化学"原理"以支持实验室元素，就是抛弃那些人已经获得的化学解释，他们宁愿仅仅用名字来回避问题，反对爱因斯坦、波姆和其他人反对量子力学占统治地位的几率解释，似乎都是以类似的感情为基础，只是表达得比较温和而已。总之，只有在常规科学期间，进步才好像既是明显的，又是有保证的。可是，在那些时期，科学团体没有其他方法能观察它的工作成果。

因此，关于常规科学，对进步问题的部分回答仅仅在于注视者的观察力。科学的进步同其他领域里的进步在种类上并不是不同的，但是在多数时间里没有竞争着的学派互相询问各自的目的和标准，使得要观察常规科学团体的进步容易得多。可是，那只是部分回答，而且决不是最重要的部分。例如，我们已经注意到，只有接受了一个共同的规范，并已经从经常要重新考查它的最初原理这种需要中解放了这个科学团体，这个科学团体才能专一地集中注意与它有关的最微妙和最奥秘的现象。这会不可避免地增加整个团体解决新问题的有效性和效率。科学生活的其他方面进一步丰富着这种很特殊的效率。

其中有些是成熟的科学团体同外行和日常生活的要求空前未有的绝缘的结果。那种绝缘从来不是完备的，我们现在讨论的是程度问题。然而，其他专业团体中个人的创造性的工作没有一个是这样专一地向这个专业的其他成员提出，并由这个专业的其他成员评价的。最奥妙的诗人和最抽象的神学家比科学家更关心他的创造性的工作，尽管一般说来，他对是否受欢迎也许并不那么关心。那种差别证明是很重要的。正因为他的听众都是同事，这是一种分享他自己的价值和信念的听众，他仅仅是为这种听众在工作。因此，科学家能认为单一的一套标准是当然的。他不需要担心其他某些团体或学派会想到，因而能解决一个问题，并且比那些为比较不合于公认标准的团体工作人们更快地识破下一个问题。甚至更为重要的是,科学团体同社会绝缘,允许个别科学家把注意力集中于他有充分理由相信会有可能去解决的那些问题。科学家不像工程师、许多医生以及大多数神学家,他们不需要选择问题,因为他们迫切需要解答而且不注意对解决问题有效的工具。在这方面,自然科学家和社会科学家之间的对照也是有益的。社会科学家常常倾向于主要用获得一个解答的社会重要性来为他们选择一个研究课题辩护,例如种族歧视的结果或者商业循环的原因,等等,而自然科学家几乎从来不这样做。那么人们将期望哪一个团体以较快的速度解决问题呢?

同较大的社会绝缘的结果是大大强化了专业科学团体的另一个特征,即它在教育上传授的性质。在音乐、绘画艺术和文学中,靠接受其他艺术家主要是较早的艺术家的作品的影响获得的教育。除了原始创作简编或手册以外,教科书具有第二位的作用。在历史、哲学和社会科学中,教科书有较大的意义。但是,即使在这些领域里,学院的基础课程也用类似原始资料方面的读物,其中有些是这个领域的"经典著作",其他是科学工作者写的现代研究报告。结果是在这些学科的任何一门中,学生经常认识到有一大堆各种各样的问题,是他未来的集体成员企图经过一定时间要解决的。甚至更为重要的是,他经常面临着这些问题的许多竞争着的和不能比较的解答,他最终必须为自己评价这些解答。

这种形势可以同现代自然科学中的形势相对照。在这些领域里，学生主要依靠教科书，直到第三或第四年做毕业论文时，才开始自己的研究工作。许多科学课程甚至并不要求毕业生去读不是专门为学生写的著作。少数课程确实在研究论文和专题著作中指定了补充读物，这样指定的作业局限于最先进的课程和通用的教科书不再采用的材料。直到科学家教育的最后阶段，教科书才有可能系统地由创造性的科学文献来代替。相信他们的规范，才使这种教育方法成为可能，少数科学家会希望要改变它。总之，例如，为什么学物理学的学生竟会读牛顿、法拉第、爱因斯坦和薛定谔的著作呢？关于这些著作，他所需要知道的一切，在许多现代的教科书中已经以简单得多的，而且以更加准确、更加系统的形式扼要地说明了。

我并不想要为这种类型的教育偶然带来的过多的时间辩护，但是，人们不得不注意到，一般说它是很有效的。当然，这是一种狭隘而且僵化的教育，也许除正教神学以外，可能比其他任何教育都更狭隘和僵化。但是，在教科书明确表示的传统范围内，科学家对常规科学工作和解难题几乎完全是训练有素的。而且，他对另一种任务通过常规科学产生重大危机，也有充分准备。当危机出现时，科学家当然不是同样有充分准备的。虽然在不那么僵化的教育实践中也有可能反映出延长了的危机，科学的训练却没有事先计划好要产生这种人，他很容易发现一条新的途径。但是，只要有人同规范的新的候补者一起出现——通常是一位年轻人或者对这个领域来说是一位新手——只会给个人带来由于僵化而造成的损失。在特定的一代人中产生这种改变，个人的僵化同一个情况需要时能从一种规范转移到另一种规范的团体是不相容的。当极端僵化给这个团体提供了一个敏感的指示器，表明什么事出了毛病时，就特别不相容了。

因此，在正常情况下，一个科学团体是解它的规范规定的问题或难题的一个很有效的工具。而解那些问题的结果，不可避免地必须是进步的。这里没有问题。可是，只要集中注意力于科学中的进步问题的第二个主要部分，就可以看到那些问题。因此，让我们转向这个部分，并了解通过非常科学所取得的进步。为什么进步也会是科学革命的显而易见很普遍的伴随物呢？再问一问一次革命的结果能是什么，还可以学到许多东西。革命是以两个对立的阵营之一的完全胜利而告终的。这种团体可曾说过，它的胜利的结果不那么进步吗？那倒不如说就像承认他们已经错了，而他们的反对者是对的。对于他们来说，至少，革命的结果必须是进步的，而且他们处于一种优越的地位，可以确认科学团体的未来成员将以同样的方式看待过去的历史。第十一章详细地描述了完成这件事的技巧，而且我们刚才已经回到了与专业科学生涯密切相关的一个方面。当一个科学团体否认过去的一种规范时，他同时抛弃大多数书籍和论文，其中曾包含这种规范，这是专业检查的一个恰当的题目。科学教育所用的不是艺术博物馆或者古典著作图书馆的等价物，结果是科学家对他的学科过去的观念有时有严重的歪曲。他比其他创造性领域的实践者更多地把科学看成是按一条直线通向这学科现在的优越地位的。总之,他把它看成是进步。当他留在这个领域时,对他来说没有合用的替换物。

这些议论将不可避免地暗示,一个成熟的科学团体的成员,像奥威尔的1984年的典型特征一样,是由当局重写的历史的牺牲品。而且,那种暗示并不是完全不适当的。在科学革命中既有损失也有收获,科学家们对前者特别盲目。[①] 另一方面,对通过革命取得进步的说明不可以停留在这一点上。要这样做就意味着在这种科学中也许有权作出一种阐述,只要它不隐瞒在规范之间作出选择的过程和权威的性质,就不会是完全错的。如果只有权威,特别是如果只有非专业的权威是规范争论的仲裁人,这些争论的结果仍然可以是革命,但它不会是科学的革命。科学的存在本身依赖于在一种专门的团体成员中授予在各种规范之间作出选择的能力。如果科学要生存和成长,这种团体必须多么专门可以由人类抓住科学事业的微妙性本身来表示。我们已有记录的每一种文明已经具有技术、艺术、宗教、政治体系、法律,等等。在许多情况下,文明的那些方面就像我们自己那样去发展。但是,只有从古希腊传下来的文明拥有不只是最初步的科学。大量科学知识是

---

① 科学史往往以一种特别惊人的形式遇到这种盲目性。这组从科学到盲目性的学生往往是他们所教的最值得奖赏的一组学生。但是,在开始时,通常也是最受挫折的。因为,学科学的学生"知道正确的回答",要他们用自己的术语去分析一种比较古老的学科是特别困难的。

最近四个世纪以来欧洲的产物。没有其他地方和时代支持过这种非常专门的团体,科学的生产率就来自这种非常专门的团体。

这些团体的本质特征是什么?显然,它们需要非常多的研究。在这个领域里,只有最富有试探性的概括才是可能的。然而,一个专业科学团体中的成员有许多必要条件是非常清楚的。例如,科学家必须关心去解决自然界的行为问题。此外,虽然他对自然界的关系也许在地球范围以内,可是他所研究的问题,必须是详细的问题。更重要的是,使他满意的解也许不仅是个人的,而必须是许多人都接受的解。可是,接受这种解的团体,可不是从整个社会中随便得到的,倒不如说是与科学家的专业相同的人们组成的有明确界限的团体。科学生活最坚定的虽然还没有写出来的规则之一是,一般科学问题禁止向国家首脑或者平民大众提出。承认有独一无二的有能力的专业团体存在,并接受它作为专业成就唯一的仲裁者的角色,还有更深刻的含义。这种团体的成员,作为个人,依靠他们所具有的训练和经验,必须被看成是这种游戏规则或者明确判断某些等价基础的唯一拥有者。怀疑他们有这样一些评价的基础就要承认科学成就有不一致的标准存在。承认这些就不可避免地会引起在科学中真理是否能一致的问题。

科学团体所有的这种特征的一小张清单完全是从常规科学的实践中提出来的,而且它应当有这些特征。科学家通常受过这种活动的训练。可是,请注意,虽然这张清单很小,已经足以把这样的团体同所有其他专业团体分开。此外,还要注意,尽管这张清单来自常规科学,它却说明了这个团体在革命期间,特别是在规范争论期间的回答的许多特征。我们已经观察到,这种团体必须把规范改变看成是进步的。现在我们也许认识到,这种观念的重要方面是自动实现的。科学团体是通过规范改变使解决了的问题的数量和精确性达到最高的、最有效的工具。

因为,科学成就的单位是解决了的问题,而且因为这种团体很好地知道,哪些问题已经解决了,少数科学家将很容易被说服去采取一种观点,并且重新开始探索以前已经解决了的许多问题。自然界本身必须首先使以前的成就看来好像是成问题的,以削弱专业可靠性的基础。甚至当这一点已经出现,而且已经引起了规范的新的候补者时,除非相信已经遇到了两种全都很重要的条件,科学家们将不愿意信奉它。首先,新的候补者必须似乎要解决某些不能以其他方式遇到的著名的和普遍承认的问题。其次,新规范必须允许保持比较大的一部分具体解决问题的能力,这种

这里及文中其他地方的"规范"一词似应作"范式"。

能力对于科学来说由于它的先驱者已经增长了。在科学中就像在其他许多创造领域中一样，为了他们自己，新事物并不是一种感到需要的东西。结果，尽管新规范很少或者从来不拥有他们先驱者的全部能力，他们通常保持着过去成就的许多最具体的部分，而且他们总是允许具体问题的附加的解。

这个问题暗示解决问题的能力对规范选择来说并非唯一的或者明确的基础。我们已经注意到为什么不能有那种标准的许多理由。但是它确实使人想起，一个科学专家的团体会做它所能做的一切，以保证调集起来的资料的继续增长，而且它能精确而细致地处理它。在这种过程中，这个团体会蒙受损失。有些老问题往往必须排除。此外，革命常常使这种团体在专业上关心的范围变得狭隘，使它专门化的范围增加，并且使它同其他科学团体和外行的交往都减少。虽然科学在深度上一定增加，但在广度上也许并不增加。如果它确实是这样，那么这种广度主要表现在科学专业的激增上，而不只是表现在任何一个专业的范围上。然而，对个别团体来说，尽管有这样那样的损失，这些团体的性质对于已由科学解决了的问题的清单和个别问题的解的精确性将日益增长，两者都提供了事实上的保证。至少，无论如何只要它能提供，这种团体的性质是会提供这样一种保证的。还有什么是比科学团体的决定更好的标准呢？

最后几节指出了方向，我相信一定会在科学中找到进步问题的一个更精确的解。也许他们表明，科学的进步完全不是我们对它理解的那样。但是,他们同时表明,一种进步不可避免地会表示科学事业的特征,只要这样一种事业存在的话。在科学中不需要另一种进步。为了更加精确,我们也许必须放弃这种明确的或含蓄的观念,规范的改变使科学家和向他们学习的那些人越来越接近真理。

直到这最后很少几页,"真理"这个名词仅仅在弗兰西斯·培根的一处引文中才进入这本小册子,现在是注意这一点的时候了。甚至在那几页里,它也只是作为科学家信念的一种来源进入的,当这种专业的主要任务是要淘汰一切而只留一套规则时,除了革命时期以外,对于做科学工作来说,不相容的规则是不能共存的。在这本小册子里描述过的发展过程,是一个从原始开端的进化过程,这个过程的相继阶段是由对自然界的日益详尽细致的理解来表示的。但是,对无论什么来说,使它成为一个进化过程,并没有也不会说出什么。那种空隙不可避免会打扰许多读者。我们全都深深地习惯于把科学看成一种不断接近自然界预先安排的某些目的的事业。

但是,需要有这样的目的吗,我们能不能根据这种团体在任何时期的知识状况,用进化来说明科学的存在及其成就呢?它是否确实有助于设想——有一种对自然界的完备、客观而又真实的说明吗?科学成就的特有标准把我们引向那最终目的的程度吗?如果我们能学会用根据我们确实知道的进化来代替我们想要知道的进化,许多令人烦恼的问题也许会在这种过程中消失。例如,在这种迷宫的某个地方必然会有归纳的问题。

我还不能详细说明这种候补科学进步观的结果。但是，它有助于认识这里介绍过的概念变换，非常接近于西方人在一个世纪以前采取的那种概念变换。当达尔文在1859年第一次发表他的自然选择进化理论时，许多专业人员最伤脑筋的既不是物种变化的观念，也不是人可能有来自猿的血统。指明进化的论据，包括人的进化在内，已经积累了几十年了，进化思想在以前就已经提出并广泛地传播了。虽然进化本身确实遇到了特别是来自某些宗教团体的抵抗，但它决不是达尔文主义面临的最大困难。那种困难堵住了一种更加接近达尔文自己的思想。达尔文主义以前的所有著名的进化理论——拉马克、钱伯斯、斯宾塞和德国的自然哲学——已经认为进化是一个有目的的过程。人和动植物群的"思想"被认为是从生命最初创造时起也许在上帝的心里就已经有了。那种思想或计划为整个进化过程提供了方向和指导力量。进化发展的每一个新阶段是一开始就已经有了的一种计划的比较完善的实现。①

对于许多人来说，废除这种神学的进化是最重要的，至少是合乎达尔文建议的趣味的。《物种起源》不承认有上帝或者自然界安排，而是在既定环境中并且有现在近在手边的有机体在起作用的自然选择对逐渐地但是稳定地出现更为复杂的、进一步明确表

---

① 洛伦·艾斯利，《达尔文的世纪：进化和发现了它的人》（纽约，1958年，英文版）第二、四、五章。

达了的、非常专门化的有机体负责。甚至像人的眼睛和手这样惊人适应的器官——设计这些器官以前已经为有最高级的设计家和一个先进计划的存在提供了强有力的论据——也是一种过程的产物，它从原始的开端向无目的稳定前进。仅仅由有机体之间的生存竞争发生的自然选择，能产生人以及高等动物和植物这种信念，是达尔文理论最困难和恼人的方面。在没有一个特殊"目的"时，"进化""发展"和"进步"能意味着什么呢？对于许多人来说，这样一些名词似乎是自相矛盾的。

把有机体的进化同科学思想的进化联系起来类比很容易推进得太远。但是，对于结尾这一章的问题来说，它是非常近乎完善的。这种过程在第十二章中被描述为革命的解决，它是由科学团体内部冲突所选择的实现未来科学的最适方式。一连串这样的革命选择的最后结果，由正常研究的各个时期分开，是一套我们称之为现代科学知识适应得很好的工具。这种发展过程的相继阶段，以连接方式和专门化的增

> "进化"一词的中文译法尤其容易引起歧义，合适的译法是"演化"，是物种对环境变化的适应性改变。

加为标志。而且整个过程也许已经发生了,就像我们现在设想生物进化所做的那样,但没有受益于一种预先准备好的目的,一种永恒不变的科学真理,它在科学知识的每一个发展阶段上只是一个比较好的典型。然而,迄今为止,注意这场争论的任何人都会问,为什么进化过程竟然会起作用。要使科学成为可能,自然界,包括人在内必须是怎么样的?为什么科学团体竟然会达到在其他领域中不能达到的牢固的一致?为什么一致竟然能忍受一个接一个的规范改变?以及为什么规范改变竟会总是产生比以前已知的那些在任何意义上都更加完善的工具?按照一种观点,这些问题,除了第一个,已经回答了。但是,按照另一种观点,这些问题就像这本小册子开始时说的那样还没有解决。不仅这种科学团体必须是专门的。那种团体也是这个世界的一部分,这个世界也具有非常专门的特征,这些特征是什么,我们并不比开始时知道得更准确。可是,为了使人可以了解这个世界,这世界必须是怎么样的这个问题并不是由这本小册子创造的。相反,它像科学本身一样古老,而且它仍然没有得到回答。但是,在这里不需要回答它。关于自然界的任何概念已经证明同科学的成长相一致,同这里提出的科学的进化观点相一致。因为这种观点同仔细观察科学生活也是一致的,在企图解决许许多多仍然存在的问题时运用这种观点是强有力的论据。

选自《科学革命的结构》第八章,库恩著,<br>李宝恒、纪树立译,上海科学技术出版社,1980年。

# 关于科学终结的争论

杰拉尔德·霍尔顿

| 导读 |

杰拉尔德·霍尔顿（Gerald Holton, 1922— ）出生于德国柏林，父母是奥地利人，幼年在维也纳上学。1938年德国吞并奥地利后，流亡英国，在牛津技术学院学习电机工程。1940年到美国。先在美国卫斯理（Wesleyan）大学学习，获文学学士和硕士学位；1943—1945年间在哈佛大学的战时实验室工作；后在物理学家布里奇曼指导下从事高压物理研究。1948年获博士学位以后，一直在哈佛大学任教。1975年起，担任哈佛大学马林克罗德讲座的物理学教授和科学史教授。1976—1994年兼任麻省理工学院客座教授。曾任美国科学史学会理事、主席，美国物理学会理事、物理学史分会主席，美国文理科学院院士，国际科学史和科学哲学联合会美国国家委员会主席，美国国家科学院美

中学者交流委员会委员。著作有:《物理科学的概念和理论导论》(1958)、《科学思想的基旨渊源——从开普勒到爱因斯坦》(1973, 1988)、《科学的想象:案例研究》(1978)、《科学进步及其责任》(1986)等。曾荣获密立根奖章、乔治·萨顿奖章。

霍尔顿主要从事20世纪物理学思想史的研究。他于20世纪60年代提出了一个有助于理解科学思想发展的新概念——科学的"基旨"要素。他认为正统的科学哲学只考虑经验事实的现象维和逻辑推演的分析,而忽视了信念、直觉、预想、先入之见这些"基旨"要素。这些基旨、预想对于科学思想是无可避免的,但它们本身既不能被证实,也不能被否证,是一种形而上学的要素。他要求对科学历史事件进行研究时,要研究事件发生时期公众掌握科学知识的状况及其变化的时间轨迹,研究事件主角科学家的科学知识状况及其变化的时间轨迹,研究科学家的心理传记、事件发生的社会环境、科学以外的文化发展、科学家的哲学世界观和认识论,并对科学家的基旨进行分析。这样,霍尔顿的科学思想史研究就突破了内史研究的框架,而与外史(社会史)研究相衔接了。

在本文所选自的《科学与反科学》中,霍尔顿用案例研究和基旨分析方法,研究了马赫和维也纳学派的实证论和逻辑经验论哲学以及他们的科学世界观在美国传播的历史,马赫同爱因斯坦在哲学观点上的分歧,爱因斯坦和玻尔的科学修辞学的比较,杰斐逊的科学研究纲领和科学政策,从施本格勒到近一二十年来有关科学终结的争论以及在欧美公众中的反科学现象。该书的研究领域，从物理学史扩展到科学哲学史、科学修辞学、科学政策以及反科学的社会现象，使他的科学史研究同科学哲学和科学社会学的研究更密切地关联起来。

在本书所选的第五章中，霍尔顿讨论了关于科学终结的争论。霍尔顿首先介绍了近十多年重新兴起的有关科学终结的争论中的两种主要的对立观点：一种观点认为科学的发展呈循环的状态，最终要衰退，要终结；一种观点认为科学的发展基本上是稳定地、线性地增长的，最终要结合成首尾一贯的理解一切自然现象的整体。接着他又指出这类争论过去已出现多次。

他把施本格勒（1880—1936）作为第一种观点的代表，把爱因斯坦作为第二种观点的代表。施本格勒在他1918年发表的《西方国家的没落》中论述了西方国家、西方文明都将没落，西方科学的内部癌症将杀死科学。他在1931年发表的《人和技术》中更预言东方国家最终将征服西方国家。爱因斯坦在他1918年发表的《探索的动机》以及以后的论著中指出：尽可能地对宇宙作出最好的客观描述，使所有科学门类最终统一的总的计划，变成一个目标、一个使命，人们可以朝着这个目标迂回曲折地前进，但它没有终点。

霍尔顿还介绍了纽拉特、普特南（1926—  ）把科学看作是在海上航行的船上的海员在修建船只。这是反基础论观点，他们否认科学有最终的、稳固的基础。但他们都主张科学将不断进步，不会终结。最后，霍尔顿还介绍了介乎两种对立观点之间的其他观点——多元论和层次论。多元论者认为科学既有追求统一的倾向，也有追求差异性、独特性的倾向。分久必合，合久必分。不管怎样，都不会终结。层次论认为，不同的物质结构层次会突现出新的规律。那么，科学也不会终结。

霍尔顿

甚至当科学声称在实现它的统一理解所有自然现象的目标方面取得前所未有的伟大成功之时，反对的力量一直聚集在实验室之外，力图否定我们所了解的科学的合法性。在近代史的不同时期，这种对科学在文化中的作用的挑战曾采取不同的形式，但它的根源是古老而又强壮的。

人们可以在思想和行动上作出怎样的反应呢？存在着有用的先例。本章集中注意两种主要的、基本宗旨上对立的观点之间的对抗：一种观点主张科学按其本性最终要衰退；另一种观点论证说，科学最终注定要结合成前后一贯的理解一切自然现象的整体。

对今天的大多数科学家而言，第一种观点似乎太不合理，不值得认真对待；他们都不太注意一些当前流行的著作，这些著作声称，科学，在传统上是新的见解、物质进步和思想解放持续的源泉，现在可能要结束了——达到它的终结——不仅仅是承认科学的力量有其局限性，这些局限对科学家们整个儿说来是十分明白的。①

但对科学史家而言，关于科学可能衰退和死亡的争论，既不是一种矛盾也不是什么新鲜事儿。这种思想在过去已有人提出许多次。举一个例子说，在19世纪末，许多新问题不能用当时已流行的机械论作为基础的物理学来解决。欧洲科学家爱弥尔·杜·布瓦-雷蒙在失望之中写道，科学终于遇到了理解所不能突破的壁垒，对于这些壁垒之外的东西，我们将总是一无所知。"人永远是

---

① 例如，1989年10月举行的第XXV（25）次诺贝尔会议在给会议参加者的邀请信中包含了如下的有关会议事项安排的几段话：

"当我们研究我们今天的世界，有一种不愉快的感觉，即我们已到了科学的尽头，科学作为一种统一的、普遍的、客观的事业，已成为过去。甚至认为，科学是一种新近形成的联盟这种共同看法，一种导致宏大的科学方法论的共同看法，也分崩离析了。

"我们开始把科学设想为一种更主观和相对主义的计划，是来自社会意识形态和态度——例如，马克思主义和女性主义——而又在它们的影响下运作。这导致严重的认识论问题。如果科学不谈历史之外的、外部的、普遍的定律，而只谈社会的、世俗的和地域的东西，那么就没有方法谈科学后面的某种真实的东西，即科学所反映的东西。"

在同一种精神下，1991年12月在麻省理工学院举行了一次会议，主题是"进步：一种在危机中的观念和信念"；邀请信评论说，"进步的观念"是"在对理性和物质进步的信念的基础上陈述的，这两个信念的价值和有效性现在都受到严重的怀疑，正是这种形势产生了信仰危机"。

无知的"（Ignorabimus）的呼声高扬起来，并且立即转变为激动人心的口号"科学破产了"。这种论调很快传播开来，并得到某些科学哲学家的鼓励。这些科学哲学家要求科学家应当能够通过他们的研究发现现象后面最终的形而上学的实在。当推测可能要破产了的科学突然产生了像量子论和相对论这样的进展时，整个流行病就停止蔓延了。

既然我们可以料到这种对科学会终止的思想的迷恋会持续地反复出现，我们的任务就是要知道怎样最好地从整体上来思考这个题目，怎样来设想科学最后终结的可能性。这里历史将帮助我们。因为除了少数例外，实际上所有关于这个结果的提议，都是由两个基本宗旨思想之一或另一个来促成的。

一种思想认为，科学是沿着曲折的路线演化的，但在总体上是上升的。它承认偶尔有停滞状态，甚至暂时的下降，但它也看到指数增长的高速发展。所以，平均起来，在科学知识的状况中，在于它的会聚、它的内部的一致性、它的预测的精确性、它对自然常数值的改进等方面或多或少是稳定地增长。在那种统一的科学（Gesamtwissenschaft）鼓舞着马赫的学派及其后继者的时代，所有这些增长意味着进化。对立的观点认为，科学的理解上升一段时间，但是然后又下降和衰退，呈现一种循环的状态。人们可以称第一种观点的追随者为"线性论者"，他们的背景往往是实际上从事自然科学研究的人。他们把科学看成主要是自主的活动，不是首先靠外力的推动。在他们的著作中呈现出来的科学的典型形象是一条前进中的河流系统，分出支流后来又汇合起来，最后通向对自然界的某种整体论的理解。

另一方面，"循环论者"往往把科学设想成不是有目的导向的、进步的、累积的活动。他们倾向于把他们的科学循环的形象奠基于一个生命机体的生物学比喻上，它从孩提时代发育成长为青年，再成为老年直到死亡，或者是有密切关系的政治比喻，一个革命时期，接着是一个常规时期，接着又是另一场革命，导致另一个不可通约的状态——是心灵的阵发或变化的序列，完全不肯定有可证明的进步。循环论者在社会科学家和历史学家中更为常见，而且，同线性论者相反，他们认为科学明显地或者甚至主要地由社会过程所推动。在极端的情况下，他们认为科学就是某种一般时代精神的表现，或者甚至主要是"社会建构"的产物，在本质上同弈棋的游戏没有什么区别。

一般讲，对于这种基本宗旨上对立的观点，人们不能期望通过某种简单的检验来决定赞成一种观点，并反对另一种观点。尤其是，它们对应于并且可能来自两种十分对立的有关人类命运的基本看法——对于循环论者是默认物质躯体的不可避免的衰亡，对于线性论者则断言超越循环、"跳出"循环是可能的。这里可能同宗教史学家所熟悉的不同的时间观念有一种共鸣的联系，就是说，在基督教有关历史时间的解释中暗含着线性的发展，而与此相对立，在东方宗教和神话的时间观中，则暗含着循环的变化。我们在这里的目的不是要作这样一种分析，而是，我们将试图通过举出每一方的最雄辩的倡导者的论据来公布这两个剧本。接触一下两个有趣的心灵可能有助于人们更好理解在理智层次上,这个所谓的科学的终结问题究竟是为了什么。

在我们被上面两种观点中的任何一种迷住了之前,我们至少应该抽一点儿时间来认出在周期性地要求终止科学后面更有感情基础的动机。它们不是对如果持续的科学研究真正终止之后,生活将会是什么样子这个问题作出理性评估的结果。因为在这样的条件下,人类不会仅仅是顺利地安顿下来过简单朴素的生活,如同在某个波利尼西亚①的天堂,或者回到农业的伊甸园。相反,人类可能面对几乎难以想象的灾难,因为我们的地球并非处于平衡状态,而现代的知识不足以保证可持续的未来。但是,导致背离理性的主要动力是一种很深的恐惧心理,即害怕自哥白尼以来空前的、日益加快的科学进展的序列,害怕它们所具有的解放作用,它们已经剥夺了大部分人口某种自信的本能基础,把这些东西作为迷信扫到一边。同时,科学通过技术手段增加了我们暴力的本能会使我们自身遭受破坏的规模和潜力。这些当然是正当的忧虑。而学者和科学家们正严肃认真地指出这些忧虑。

关于思考科学命运的循环学派的思想基础最直接的洞察,或许可以通过下面这部著作来达到。这部书由一位不著名的、贫穷

---

① 波利尼西亚(Polynesia),指中太平洋的群岛。——译者注

的德国中学教师花了十年的劳动而完成，至今仍是最吸引人和耸人听闻的著作之一。该作者当时才三十多岁，有一个古希腊数学的博士学位，并具有百科全书式的雄心。这1200页的巨著大部分是在第一次世界大战时的烛光下写成的，对全部历史的过去和未来的过程提供了一个条顿式的理论，其中点缀着戏剧性的预测，有相当一部分荒谬的思辨和某些敏锐的洞察。但是他的这部书引人注意的总结论早已由它原来的书名《西方国家的没落》(*Der Untergang des Abendlandes*)揭示了，也就是西方文明（包括它的科学）的衰退、消亡。以后的英文版只给出了一个不完全的书名《西方的没落》(*The Decline of the West*)。[1] 作者的名字当然是奥斯瓦尔德·施本格勒。

这部难以理解的著作发表于1918年7月，正当可怕的大战渐渐地接近它苦难的终点。这部著作是一种即时的感受，一种不

---

[1] 我将以下列文献作为分析的根据，引文也引自它们：Oswald Spengler, *Der Untergang des Abendlandes: Umrisse einer Morphologie der Weltgeschichte*, Vol. I, *Gestalt und Wirklichkeit* (Vienna, Leipzig: Wilhelm Braunmüller, 1918); Spengler, *Der Untergang des Abendlandes: Umrisse einer Morphologie der Weltgeschichte* (Munich: C. H. Beck, 1980), 它在修订版中包含了 Vol. I, *Gestalt und Wirklichkeit*, 和 Vol. II, *Welthistorische Perspektiven* (原版于1922年); Spengler, *The Decline of the West*, Vol. I (New York: A.A.Knopf, 1926), and Vol. II (1928); Spengler, *Der Mensch und die Technik: Beitrag zu einer Philosophie des Lebens* (Munich: C. H. Beck, 1931), 译为 *Man and Technics: A Contribution to a Philosophy of Life* (New York: A. A. Knopf, 1932); Spengler, *Briefe*, 1913—1936 (Munich: C. H. Beck, 1963), 译为 *Letters of Oswald Spengler*, 1913—1936 (New York: A. A. Knopf, 1966).

可抗拒的挑战。有关它的争论科学家也参与了，一共持续了几十年。[1]历史学家 H. 斯图尔特·休斯在他的关于施本格勒的批判性研究中评论说，尽管有它的所有缺点，而且甚至正是由于有这些缺点，"这部书仍然是20世纪最重要的著作之一，它最接近于我们的时代基调"。[2]而且确实我们在其中找到了当今议论的荒唐和极端语言的先驱，从阿诺德·汤因比（施本格勒的直接后继者）的著作中，从西奥多·罗斯札克、查尔斯·赖克的著作中，从刘易斯·芒福德最后的几本书中（他承认受惠于施本格勒），从所谓新时代作家中，甚至从若干有关激进女性主义科学的作者以及第六章中指出的反科学运动中，都会看到这种熟悉的语言。

施本格勒的关键观念是，对于人类的每一部分，每一个时期，历史基本上取同一过程，遵循同样的形态学。并且从那个不可避免的过程自然地得出特殊的活动形式，不管是社会的、政治的、文学的、艺术的、心灵—宗教的活动形式，还是的的确确的科学活动形式。人类每一种伟大的文化——例如，古印度文化、中国文化、阿拉伯文化和古典希腊—罗马文化——不仅与我们的西方文明同样有效和显赫，而且每一种都是具有类似结构的戏剧。那就是说，每一种都经历同样类似季节性的循环，从它的初春到在它自己的

---

[1] M.Schroeter, *Der Streit um Spengler: Kritik seiner Kritiker* ( Munich: C. H. Beck, 1922 )，和 Schroeter, *Metaphysik des Unterganges* ( Munich: Leipzig Verlag, 1949 )中总结了争论的某些方面。

[2] H.Stuart Hughes, *Oswald Spengler: A Critical Estimate* ( New York: Charles Scribner's Sons, 1952 ), pp.164—165.

冬天的最终葬礼。因此，在西方，我们自己不可避免的命运就是要按照可从已有的先例算出的时间表走向死亡。施本格勒说，我们的时代不是相当于雅典的培里克里斯时代①，而是相当于在残暴的恺撒统治下的罗马时代。我们碰巧已非常接近我们这一循环的终点。对我们来说，已不再有希望创造出伟大的绘画、音乐、建筑或科学。他说，我们最好的战略是勇敢地退休并且至少要试图看一眼下一次浪潮的升起，这一浪潮来自东方对西方的胜利。

施本格勒告诉我们每一次循环如何进行，如何从始到终。施本格勒追随尼采宣称，每一次循环的开始是以他称之为太阳神阿波罗的精神为标志的，我们能在古希腊雕刻中看到的引起灵感的独特形体是这种精神的象征。同它一起的是一种世界观，这种世界观注重形态，注重对经验的有机诠释，而不是后来取代它的力学的或数学的诠释。循环的开始是一个沉思的时期，而不是调查研究的时期，是信仰的时期而不是怀疑的时期，是高艺术的时期而不是称之为仅仅"崇尚科学"的时期。

可是，在这一循环的某个点上，会出现一个阿波罗神和它激活的文化的历史性转变阶段。它让位于它的对立面，所谓的浮士德时期，它开始时带有一种颇为日耳曼式的孤寂的浪漫主义，渴望无限，但渐渐地变得愈来愈理智化了。从而一种文化被改变成为仅仅是一种"文明"。现在重视的是因果观而不是命运观，注意

---

① 培里克里斯（Pericles）是雅典的政治家，培里克里斯时代（约公元前495—前429）是古雅典文化的鼎盛时期。——译者注

的是因果关系而不是歌德所说的"活的自然",注意像无限和虚空这类抽象概念而不是你可以感觉到、嗅到的明明白白的土地。在一种文明中,灵魂的优先地位被智力所取代;对人的需要的关心退化为关于钱的争论;数学愈来愈渗遍各种活动;因果性原理被强加在对现象的理解上;而自然界被诠释为在"科学的反宗教"的汇集中一些定律的网络。

对欧洲的古代世界,从文化向文明的过渡在4世纪完成;施本格勒提出,对于我们西方社会的循环,19世纪末开始了同样的过渡。如果像在过去的几次循环中那样,我们所处的阶段不会突然终结。它将苟延残喘一段时间。我们在世界政治中也进入了最后阶段,其标志就是用赤裸裸的"权力意志"来取代"国家公仆的思想"。正如尼采所预测的那样,我们的世纪是专制统治的世纪,是渴望武器的恺撒为统治世纪而斗争的世纪——甚至在后台,一种全新的文化正在为占领阵地作准备。

我们特别感兴趣的是施本格勒的忧郁的戏剧,其中科学扮演一个关键性的角色。施本格勒告诉我们,科学中的浮士德要素由物理学家赫尔曼·冯·亥姆霍兹的著名自白简要地阐述了,他写道:"自然科学的最终目的是要发现所有变化下面的运动,以及它们的动力;那就是说,把全部自然科学分解成为力学。"这种愿望不仅仅是想在**多**中找到**一**的普遍渴望的表达。施本格勒更明确地指出,在我们的科学中"**看到**的自然图像(转化)为**想象**的关于一个单个的数值上和结构上可以度量的秩序的图像"。如果他是在今天写的话，施本格勒或许会把他引自亥姆霍兹的话用物理学家利昂·莱德曼新近的一段话来取代，莱德曼被当前物理学家中统一纲领的成功所鼓舞，冥想现在科学的目的是把一些支配一切自然现象的定律简化为一个可以在T恤衫上写出的方程。

接着施本格勒介绍了他最惊人的思想，它在新的外衣下也已为人们所熟悉。他警告说，文明的冬天阶段的特征正是当高科学在它自身的领域中最富有成果的时候，正是它自己的破坏行为的种子开始发芽的时候。这有两点理由：科学既在它的学科范围之内也在它的学科范围之外丧失了它的权威，而在科学自身的内部升起的对立的、自我破坏的要素最终将毁灭它。

他说，科学在它的实验室之外丧失权威很大一部分原因是倾向于把只适用于自然宇宙的思考技术不自量力地误用到历史领域。施本格勒认为，科学分析的思想风格，即"推理和认知"，在人们实际上只需要"直觉感知习惯"的领域失败了，他把这种"直觉感知习惯"等同于阿波罗之灵和歌德的哲学。

但是，施本格勒补充说，即使在自然宇宙内，也有来自科学自身王国之内的对科学权威的攻击。因为每一种观念，甚至在科学中的观念，归根结底是"拟人化的"，而且每一种文化把这种负担纳入关键观念和对它自己的科学检验之中，从而科学就成了受文化制约的幻觉。

例如，"形式的观念属于古典的（循环），可见实体或秘密的属性的思想属于阿拉伯的,我们的力和质量观念属于浮士德。"特别是,近300年来的浮士德物理学已经是一种动力学的物理学和"实验方法"的物理学,这二者,施本格勒说,都是权力意志的例证,它使一个民族在文明阶段雄心勃勃,这时"不仅要询问或者说服自然而且要强迫自然"。他认为,20世纪我们大家都匆促追随实证的科学成就只是掩盖了如下的事实,即正如在古典时期那样,科学再一次注定要"用它自己的剑自刎",从而为未来的世界观让路,他称这种世界观为"第二种宗教"。确实,在他的循环理论指导下,施本格勒告诉我们:"有可能预见西方科学将到达它的进化极限的日期。"而且在施本格勒的书末尾的一张方便的编年表中,他允许我们同时看到他的千年根基并找到那个决定命运的日期。这就是2000年。

确实,在施本格勒的心目中,科学中衰退和瓦解的迹象在1918年就已经明朗了。他说,物理学已受到一种"毁灭性怀疑"的感染,"迅速增加使用统计方法,只

> 人们往往从科学词汇中抽出几个来不作具体了解就对之展开大胆的推论,譬如,看到"概率""测不准"这类概念就推论到认识论层面的非决定论,而无视这些物理概念被严格规定的适用条件。

追求结果的概率,而事先放弃绝对的科学严格性(这是有希望的上一代人的信条)"表明了这一点。——注意在新近有关科学的"酒神式"著作中对此也多么熟悉。建立一门自足并自给的力学的可能性必须放弃,因为"方法论上的认知者中的活人侵入了已知的无机形式的世界"。此外,相对论无情的玩世不恭的假说(他这样称呼它)击中了动力学的真正核心。量子观念被认为是具有同样破坏性的。施本格勒补充说,"今天这么快地建立了假说的纸牌房子,每一个矛盾立即被一个新的匆促提出的假说所掩盖",对此他真感到担心,所以,放弃对精确性的绝对性的追求,采纳概率主义,已从内部削弱了科学的基础。例如,我们无法确定放射性材料样品中哪个原子在以后的某个时刻衰变,是现代科学直接的致命伤。似乎取代因果性观念的命运观已被无意地引入自然图像之中。

施本格勒还说,然而现代科学自找毁灭的另一个终极因产生于它倾向于理论、倾向于符号定向。因为正在发生的事情是所有独立的学科都在汇聚成一门科学,一种在科学的冬天还原为"少数伟大的公式"所表征的"融合"。但是,具有讽刺意味的是,正是这种倾向现在已使我们正好回到每一种新文化开始时期最初和最简单的活动,这种活动总是它的原始宗教精神的一部分:这就是,全神贯注于数字的规则性。数是最早的宗教信仰和礼仪的一部分。在每一种信仰中,例如在微观宇宙同宏观宇宙的关系这类神圣概念中,或者在建立史前结构以服务于宗教礼仪和天文学的过程中，都出现数字神秘主义。

他又说，如我们所知，所有这些内部癌症，将很快杀死科学，而归根结底，我们将发现人类作为一个整体从来就不要分析和证明，而只要信仰。这就是他们所说的这种精密科学三个世纪以来的狂欢放纵，同西方文明中其他有价值的东西一道，正在走向终结。确实，在这种最终的行动中正在上升的唯一活动是经济学、政治学和技术。像是一种后记，在他后来的著作《人和技术》(1931)中，施本格勒补充了他的意见，即先进的技术同它不计后果的不断增生的产品最终也将暗中破坏西方社会，因为按照他的异乎寻常的预测，科学和工程教育将要失败，在形而上学方面穷尽了的西方教学水平将不足以维持技术的进步。科学—技术的吸引力正在消失。"浮士德的思想开始对机器感到厌腻了……而正是最棒的有创造力的天才正在背离实际问题和科学……每一个大企业家都有机会看到他吸引的新雇员的智力品质的下降。"同时，以前被过分剥削的人种，"已经赶上他们的老师"并已经开始超过他们，"锻造了针对浮士德文明的心脏的武器"。非白种人国家将采用技术工艺转过来利用它们来反对白人发明者。施本格勒的评论者之一简单地总结施本格勒1931年的预言："他们已经能够廉价出售西方工业的产品。最终他们将征服西方国家本身。"①

---

① Hughes, *Oswald Spengler*, p.121.

这位科学终结运动的祖先就是这样说的。显然很容易在这部著作中找到一些具体的缺点，就像在今天喧嚷不休以引人注意的衍生版本一样。从这些缺陷中最突出的缺陷，人们不能不看到有黑格尔和马克思的辩证法走样了的翻版，更具体地看到施本格勒和他的继承人常有的对科学的基本误解。例如：使用概率和量子因果性并不是放弃全部因果性本身；熵的概念并不如他所想那样不可避免地导致宇宙的热寂；个人的主观性并不剥夺科学对全部客观性的要求；如此等等。尤其是，施本格勒是真正的19世纪的思想家，他不能预见科学几乎每一个方面的急剧国际化，即使西方文明在某种深刻的意义上最终衰退了，而某些其他的文化取代了它，仍可以有把握地打赌，在回到全面的原始主义不久，新的学校又将讲授欧几里得几何、哈维的血液循环、牛顿的动力学、爱因斯坦的时—空、诺伯特·维纳的控制论和沃森—克里克的双螺旋。这些"轮子"不能不被发明。

另一方面，人们必须敏锐地坚持在科学和宗教之间，在它们的源头方面有一种隐蔽的联系，这一点归功于施本格勒，尽管他称科学有"反宗教性"。而施本格勒的循环论见解中特殊的、不流行的观点同一个很不同的人的著作中的观点有某种类似。实际上我们现在已选择这个人作为对立的科学命运线性观的代表。为此目的，人们可以转向其他科学家的著作，例如约翰尼斯·开普勒或者汉斯·克里斯琴·奥斯特或者尼耳斯·玻尔的著作。但是更适当的是选择一篇也是在1918年发表的文章作为线性论者的范例。

这篇文章发表在施本格勒的书出版的几个月之内,作者几乎同施本格勒同年,而且他那时候也仍然是一个在他自己的圈子之外并不知名的人。这篇论文原来是庆祝麦克斯·普朗克60寿辰的一篇演讲。而施本格勒刚发现普朗克的工作对科学是毁灭性的。年轻演讲者的名字是阿尔伯特·爱因斯坦,施本格勒也挑选出他的工作作为科学瓦解的一个象征。

> 这里的"讲话"指爱因斯坦在柏林物理学会举办的纪念普朗克60岁生日演讲会上的演讲。

爱因斯坦在欧洲历史中的黑暗时期登上历史舞台,他用一个形象的比喻开始他简短但令人难忘的讲话:①"科学的庙堂是一座有许多不同厢房的巨大建筑物。"在其中,有许多人爱好科学出于显示他们非凡智力的快感,另外一些人则是为了短期的功利目的。但是令人高兴的是,还有少数人他们从事科学研究仅仅是因为深深地渴望知识本身。是什么东西把这少数人

① Albert Einstein, "Principle of Research"(误译,应为"Motivations of Research")载 *Ideas and Opinions* (New York: Crown Publishers, Inc., 1954), p.224。(中译文见《爱因斯坦文集》第一卷,北京,商务印书馆,1977年,第100—103页。——中译者注)

引入科学庙堂的呢？他们从事科学研究有两个动机。一个是消极的——渴望逃避"日常生活中令人厌恶的粗俗和使人难受的沉闷，是要摆脱人们自己反复无常的欲望的桎梏"。

但是也有积极的动机。"人们总是以适当的方式形成一个简化的和容易领悟的世界形象，一幅世界图像"，一种关于经验的世界如何相互一致的前后一贯的见解，"通过试图在某种程度上用这种形象来取代经验世界（叔本华的一个概念），并来征服它。这就是画家、诗人、哲学家和自然科学家都按自己的方式所做的事情。各人都把他的或她的感情生活的重心放到这种形象及其构成中去，以便由此达到他在个人经验的狭小范围里所不能找到的和谐和宁静"。

物理学家正在建造的世界图像仅仅是其他可能的图像之一。但"它要求在描述各种关系时的严格精确性"。因此，物理学家必须满足于首先研究一个理想化的世界，例如在那里所有的摩擦力都可以忽略不计。"这允许他去描绘我们经验可以接近的最简单的事件。"真实世界的更为复杂的现象是不能立即以必要程度的逻辑完备性和精确性来研究的。因此，在研究问题的开始，科学家力求"高度的纯粹性和明晰性，但以牺牲完整性作为代价"。

这种简化的还原论——对此，从歌德经过施本格勒到今天的浪漫主义的批评家，是如此坚决地反对——只是爱因斯坦科学进步理论的第一个初步的阶段。他继续说，历史教导我们，一旦世界的形象在简化的基础上成功了，其结果至少在原则上可以推广到每一种自然现象,在它的复杂性和完整性方面,全都和实际发生的一样。还原论只是通向永恒的综合的道路上的迂回路线。

这时,超越当时德国知识分子的教育(Bildungs)理想,爱因斯坦揭示了他所理解的科学的长期历程,即科学的命运:从普遍定律出发,"应该有可能通过纯粹的演绎得到关于每一个自然过程(包括生命过程在内)的描述——也就是理论"。一切精确知识最终统一的前景是最终的目的,这也就是爱因斯坦认为科学要力争达到的目的(Telos)。

我们在这里可以妥善地指出,事实上,在这期间的年代里,在这个方向和在物理力统一的纲领中已作出了巨大的贡献——例如,发现很大一部分化学正是真正有效的原子和分子物理的一部分;通过DNA发现生物科学和物理科学之间的桥梁;发现行为状态同一个人的遗传天赋或生化失衡之间的深刻联系。总之,现代形式中,多中求一的老命题,已成为产生诺贝尔奖的题材。这已不再完全是浮士德之梦了,他在歌德的戏剧中宣称,要么是他获得关于万物的知识,要么他必定仍然是一只蛆虫。

还是回到爱因斯坦的讲话。在这一点上,他发出警告,关于所有科学门类最终统一的总的计划,尽管产生空前深刻的洞察并且是一个强有力的动机,看来像是不会有很快的或可预见的结果。追踪科学进展迂回曲折的路线是没有终点的,我们的手中可以有无限多的任务。一个理由是,不管我们取得的所有成功是多么巨大,我们确实没有一个可靠的方法或有把握的算法,因为我们必须靠人的可错的思考能力来进行工作。科学的模式远不是冷酷的理性向无情的胜利进军，这只在蹩脚的科学教科书中存在。爱因斯坦在这里坦诚地承认，他在以后还要一再尝试着去做，同当时居统治地位的哲学相反，他认为"要得到[伟大的]基本定律，没有逻辑的通道，而只能靠直觉"。

当然这并不意味着怎么都行，或者科学已经丧失了它的权威，并且注定要盲目地从一个发现或理论体系瞎闯到下一个。虽然从经验到理论的基本原理没有逻辑的桥梁，因此也没有关于哲学实在论本身有效性的证明，但在实践上我们对我们理论的真实性有很好的检验方法。此外，有这样一种惊人的事实，即在成分非常混杂的科学共同体中有可能取得一致。有迹象表明，"经验世界确实唯一地规定了理论体系"。即令我们无权先验地预期任何这类对应，但我们纳入我们理论的秩序多少能够而且时常引人注目地做到同其他人（当他们检查我们的预测时）在自然界中找到的秩序相对应。

这为什么可能？为什么我们有限的心灵如此经常又如此好地深入到外观后面找出少数普遍有效的定律？它怎么能够在现象世界和理念世界之间来来回回找到出路？在这一点上，爱因斯坦坦诚地承认，他没有确定的回答。但这没有使他在沮丧无助之中崩溃。他有一个大胆的建议——我们的心灵受到"莱布尼兹高兴地称之为'先定和谐'"的指导。

戈特弗里德·威廉·莱布尼兹，哲学家，和牛顿同时代的人，曾经假设,我们有发现关于物体规律的能力,是在上帝创造的宇宙中两种独立存在的东西(精神和物质)统一的一个方面。两者中的每一个都遵循它自己的规律;但他们可以在同情的协调行动中相互作用,多少像一个弦乐器,由于与第二个与它合调的声音发生共振,而使声音提高。或者,用莱布尼兹自己的话来说明这种和谐互动的可能性,这些话必定使爱因斯坦感到高兴:"灵魂遵循它们的规律……身体遵循它们的规律……可是,这两种完全不同的存在相互遭遇并彼此对应,就像两只钟完全校准到同一时间。正是这个,我称之为先定和谐理论。"

我们今天的科学家更可能从设想我们的观念和环境间的对应进化基础来援引论据。它们这样做的小部分原因是因为有点儿证明,而大部分原因是因为他们对爱因斯坦比喻中潜在的神学情调感到不快。只有像爱因斯坦这样的人,他们通过阅读伊曼努尔·康德的著作中有关的评论熟悉莱布尼兹的讨论,才会更自然地接受这种比喻。但是,对于爱因斯坦来说,对这种潜在的情调决不会感到不快或是意外。在接近他的带有这种形象的论文结尾,爱因斯坦又简要地回答了下面的问题,就是尽管缺乏成功的保证甚至缺乏他们工作的目标,那又是什么诱导人们去研究科学的呢。他的结论是,把这种坚持不懈研究科学的态度归因于"非凡的意志力或修养"是错误的。而是,"促使人们能够作出这样的成就的感情状态是同信仰宗教的人或在恋爱中的人的感情状态相类似的。那就是说,他们每天的努力并非来自深思熟虑后的决定或计划,而是直接来自感情的必需。"

在随后的年代中,爱因斯坦继续在他能找到的每一个场合解释并发展这些见解:科学是有目标的计划,人们可以朝着这个目标前进,但在可预见的未来它没有终点。尽可能地对物理宇宙作出最好的客观描述,这是一个使命,虽然这只有靠一个人的主观能力和本质上是任意的概念来进行工作。这是能把逻辑理性和直觉结合起来的人的活动(同施本格勒假设二者不相容的观点正好相反),他们有在坚实的证据和信仰二者的基础上(有时甚至根据美学的理由)前进的本事。从事科学研究既需要分析,也需要综合。总之,科学要调动我们的全部才能和渴望来为愈来愈合适的世界图像的形成而服务。在一些较次的头脑看来,像是一些相互排斥的对立面(人们必须在它们之间作出选择)的混合物,在爱因斯坦看来却是互补的必需。

因为爱因斯坦在这顺便的引文中暗示了科学家和信仰宗教的人之间的亲情关系,因此,对于爱因斯坦和施本格勒及其追随者不同,不认为科学和宗教之间有固有的冲突这一点,也就不会感到惊讶了。在以后的一些论文中,[①]他进一步阐述了他深有体会的论据,即科学活动,探索宇宙中合理性的证据,本质上是一种"宗教行为"。人们可以预期,他对他称之为"宇宙宗教"的描述,不

---

[①] 包括三篇文章,也载 Einstein, *Ideas and Opinions*。

是感情脆弱或思想狭隘的产物，也不是结合成宇宙宗教的宗教和科学二者的产物，不能以为宇宙宗教同任何宗教机构所深切坚持的观念有很多一致。爱因斯坦的"上帝"观念不是圣经中的上帝，不是干预一切的神。而是(他的见解部分来自斯宾诺莎)为了必要地提醒人们，科学从它最早的开始到我们今天，仍然保持有单个的、不分化的总体的标记，它鼓励人类进行固有的无穷尽的探索，既寻求说明，又寻求超越。

可以在爱因斯坦的线性论观点和像施本格勒及追随者那样的循环论者的观点之间看出少数相似性。例如，爱因斯坦也反对实证论的更为帝国主义式的主张。但他们二者之间本质的、压倒一切的差异是，对于爱因斯坦和大多数现代科学家来说，科学有可预见的终结的想法是语词矛盾，而且与此相反，是毫无根据的。对于他们来说，从事科学出自"直接的需要"，既无确定的时间表，也无可靠的算法，本来就是一种动荡多变的活动，人们可以在奥托·纽拉特的论文"反施本格勒"[1]中找到一个容易记住的类比："我们好像在外海上航行的海员，必须重建他们的船但决不能重新从头开始……他们必须利用老结构中的某块在水上漂浮的木材，修补他们船的骨架和船体。但是他们不能把船放在船坞中从零开始。在他们工作时他们得待在老的结构上并和狂风激浪打交

---

[1] Otto Neurath, *Empiricism and Sociology* ( Dordrecht, Boston: D. Reidel Publishing Co., 1973 )中的第六章。

道……这是我们的命运。"

这种关于科学的图像,是把科学看作面对巨大困难永不停息、自我建构的事业。哲学家希拉里·普特南改进了这种因素:①

> 我的想象不是单个一只船,而是一个船队。每只船上的人都试图重建他们自己的船,他们在任何时刻都不做太大的修建,避免船会沉掉。此外,人们还从一只船向另一只船传送给养和工具,彼此喊话,提供劝告和鼓励(或者劝阻)。最后,人们有时决定他们不喜欢他们所乘的船而且一起搬到另一只船上去。有时一只船沉没了或被放弃了。这会有点儿混乱,但是这是一支船队,没有一个人会一直完全在所有其他船只的信号距离之外。我们没有堕入个人唯我主义的地狱(或者不需要堕入),而是被邀请参加真正充满人性的对话,把集体性和个人责任心结合起来。

两个同时代的人代表着两个关于科学最终命运的对立理论(它们都得到广泛的支持)的绝端的形式,当我们回顾它们之间的这种对抗时,应该明白它们并不包括从我们世纪末的观点看来一切可能的观点。只要指出一个意见分歧就行了,一小群但人数日益增多的科学家现在似乎十分喜欢一种工作风格,它既不是按照线性论的轨迹,也不是按照循环论的轨迹,而是公开地选择

---

① Hilary Putnam, "Philsophers and Human Understanding", 载 A. F. Heath 编, *Scientific Explanation* (Oxford: Clarendon Press, 1981), p.118。

一种固有的多元论。他们放弃关于各个部分（甚至在一门科学之中）最终一致的期望。这些人可以称作分裂者，而不是堆合分类者。他们在科学进展中有重要的作用，因为科学时常依赖于这两种研究特性的互动和交替——正如科学靠两条腿前进一样。丹麦科学家汉斯·克里斯琴·奥斯特在他的时代背景下把这一点说得很好：[1]

  一类自然哲学家总是倾向于把各种现象结合起来并发现它们之间的类似性；另一类则正好相反，竭尽全力来证明它们之间的差异。两种倾向对于科学的完美都是必要的，一个是为了它的进步，另一个是为了它的正确。第一类自然哲学家被整个自然界的统一性这种见识所指导；第二类的心智更多地指向我们知识的确定性。第一类人的精神集中于寻求原理而时常忽略独特性，也常忽视了证明的严格性。另一类人认为科学只调查研究事实，但他们在值得赞许的热忱中，却时常看不到整体的和谐，而这正是真理的特性。那些为在他们周围的每样东西寻求神性的印记人认为，对立面所追求的是不光彩的甚至是反宗教的；而那些从事真理探索的人，把另一批人看作是非哲学的热心人，而且或许是异想天开的蔑视真理的人……这种意见的冲突使科学保持生命力，

---

[1] Hans Christian Oersted, "Thermo.electricity", *The Edinburgh Encyclopaedia*, 1830. 重印在 Kirstine Meyer 编, H. C. Oersted, *Naturvidenskabelige Skrifter*, Vol. 2 (Copenhagen, 1920), p.352.

通过一种振荡式的进步来促进它。

同科学命运的两种主要模型有差异的第二种"少数"类型，以物理学家 P. W. 安德森的信仰作代表。[①]安德森看到一种"科学的阶层结构"，它原则上不允许还原到一组基本定律，然后人们可由这一组定律"重建宇宙"。例如，尺度问题和复杂性问题不允许基本粒子大的聚集体的性质可以仅仅通过单个粒子行为的外推而得到理解，而是，通过类似于每个复杂性层次中"突现"的老观念的过程，可以设想产生全新性质；因此，每一个层次像是有一个它自己的概念结构，而且也可能有它自己的进步速率和方向。这些同线性论者的理想是完全相反的。在线性论者们看来，科学的阶层结构并不分隔科学的不同层次，而只是帮助固定基本性之矢的方向，它指向自然界最终规律的发现。因此，斯蒂文·温伯格写道："自然界有绝对的具有很大简单性的定律，所有的科学门类由这些定律呈阶层状地导出。"[②]

---

[①] 参见 P.W.Anderson, "More Is Different", *Science*, 177(1972), pp.393—396。

[②] S. Weinberg, "Why Build Accelerators?", 载 Luke C. L. Yuan 编, *Nature of Matter: Purposes of High Energy Physics* (New York: Brookhaven National Laboratories, 1965), pp.171—172。Weinberg 加上这个有趣的评语作为脚注："我并不一定希望暗示我们期望在今后几个世纪内能够发现一组最终的物理真理（虽然我偶尔相信我们将发现）。也许我们将发现愈来愈基础的科学的无限回归，或者甚至我们将跳出科学本身的边界而到某种新的思想方式，对此我们现在无法想象，就像柏拉图无法想象现代科学方法一样。无论怎样，不仅仅是科学家将对未来事态的发展感兴趣。"

正如在前面建议过的那样，很少有希望抽象地决定，在各种各样科学的进步模型中，最后哪一个将占优势。然而根据现有的证据，人们可以预测，大多数活跃的科学家将继续以最大的努力反对循环论模型，反对它认为科学已穷尽了它的使命的想法。他们顶多在听了某些方面现在认为科学进步在理智上是难以辩护的，是一个"处于危机中"的思想时，感到迷迷糊糊。科学家们将不顾这些主张，继续坚持认为，科学家的特殊任务和才能是要寻求可证明的真理，无论手头有的手段是多么有限；他们不需要为他们要在收到的信号中寻求理性意义的动力而致歉；而当他们面对大洋的惊涛骇浪重建他们的船只时，他们混杂的动机、没有保证的工具和他们没有终结的研究纲领将继续吸引他们。

选自《科学与反科学》第五章，(美)杰拉尔德·霍尔顿著，范岱年等译，江西教育出版社，1999年。

# 试论科学与正确之关系
## ——以托勒密与哥白尼学说为例

江晓原

| 导读 |

本文通过科学史的考察，探讨科学与正确之间的关系。认为：判断一种学说是不是科学，不是依据它的结论在今天正确与否，而是依据它所用的方法、它所遵循的程序。本文以托勒密、哥白尼天文学说的历史遭遇为例，表明：不能将"科学"与"正确"等同起来。在科学发展的过程中，没有任何模型（以及方案、数据、结论，等等）是永恒的，今天被认为"正确"的模型，随时都可能被新的、更"正确"的模型所取代，就如托勒密模型被哥白尼模型所取代，哥白尼模型被开普勒模型所取代一样。

## 一、问题的提出

"试论托勒密的天文学说是不是科

学?"这样的考题在上海交通大学科学史系的研究生入学考试中,不止一次出现过。面对这道考题,大部分考生都答错了。这些考生中,理科、工科、文科出身的都有,但是答案的正误看起来与学什么出身没有关系。这就表明,他们中间的大部分人,都未能正确认识:怎样的学说能够具有被当作科学的资格?

首先要请注意,这是一道论述题,而不是简单的"是"或"否"的选择题。正像有些评论者正确地指出的那样,题中的"正确""科学""托勒密天文学说"等概念,都可以有不同的界定,而该题要考察的方面之一,就是考生能否注意到概念的界定问题。他们可以自行给出不同的界定,由此展开自己的见解。

在今天中国的十几亿人口中,能够报考研究生的,应该也算是受过良好教育的少数佼佼者了。既然他们中间也有不少人对此问题不甚了了,似乎值得专门来谈一谈。

为什么托勒密的《至大论》《地理学》这样的伟大著作,会被认为不是科学?许多考生陈述的重要理由,是因为托勒密天文学说中的内容是"不正确的"——我们知道地球不是宇宙的中心。

然而,如果我们同意这个理由,将托勒密天文学说逐出科学的殿堂,那么这个理由同样会使哥白尼、开普勒甚至牛顿都被逐出科学的殿堂!因为我们今天还知道,太阳同样不是宇宙的中心;行星的轨道也不是精确的椭圆;牛顿力学中的"绝对时空"也是不存在的……难道你敢认为哥白尼日心说和牛顿力学也不是科学吗?

我知道，考生们绝对不敢。因为在他们从小接受的教育中，哥白尼和牛顿是"科学伟人"，而托勒密似乎是一个微不足道的人，一个近似于"坏人"的人。

## 二、托勒密天文学说为什么是科学

关于托勒密，国内有一些曾经广泛流传的、使人误入歧途的说法，其中比较重要的一种，是将托勒密与亚里士多德两人不同的宇宙体系混为一谈，进而视之为阻碍天文学发展的历史罪人。在当代科学史著述中，以李约瑟"亚里士多德和托勒密僵硬的同心水晶球概念，曾束缚欧洲天文学思想一千多年"的说法为代表，[①]至今仍在许多中文著作中被反复援引。而这种说法其实明显违背了历史事实。亚里士多德确实主张一种同心叠套的水晶球宇宙体系，但托勒密在他的著作中完全没有采纳这种体系，他也从未表示赞同这种体系。[②]另一方面，亚里士多德学说直到13世纪仍被罗马教会视为异端，多次禁止在大学里讲授。因此，无论是托勒密还是亚里士多德，都根本不可能"束缚欧洲天文学思想一千多年"。至1323年，教皇宣布托马斯·阿奎那（T. Aquinas）为

---

① 李约瑟，《中国科学技术史》第四卷，科学出版社，1975年，第115页。
② 在《至大论》中，托勒密没有陈述任何水晶球的观念。他在全书一开头就表明，他以下的研究将用几何表示（geometrical demonstrations）之法进行。在开始讨论行星运动时他说得更明白："我们的问题是表示五大行星和日、月的所有视差数——用规则的圆周运动所生成。"他把本轮、偏心圆等视为几何表示，或称为"圆周假说的方式"。显然，他心目中并无任何实体天球，而只是一些假想的空中轨迹。

"圣徒",阿奎那庞大的经院哲学体系被教会官方认可,成为钦定学说。这套学说是阿奎那与其师大阿尔伯图斯(Albertus Magnus)将亚里士多德学说与基督教神学全盘结合而成。因此亚里士多德的水晶球宇宙体至多只能束缚欧洲天文学思想约二三百年,而且这也无法构成托勒密的任何罪状。[①]

但是,即使洗刷了托勒密的恶名,考生们的问题仍未解决——难道"不正确的"结论也可以是科学?

是的,真的是这样!因为科学是一个不断进步的阶梯,今天"正确的"结论,随时都可能成为"不正确的"。我们判断一种学说是不是科学,不是依据它的结论在今天正确与否,而是依据它所用的方法、它所遵循的程序。

西方天文学发展的根本思路是:在已有的实测资料基础上,以数学方法构造模型,再用演绎方法从模型中预言新的天象;如预言的天象被新的观测证实,就表明模型成功,否则就修改模型。在现代天体力学、天体物理学兴起之前,模型都是几何模型——从这个意义上说,托勒密、哥白尼、第谷(Tycho Brahe)乃至创立行星运动三定律的开普勒,都无不同。后来则主要是物理模型,但总的思路仍无不同,直至今日还是如此。这个思路,就是最基本的科学方法。当代著名天文学家丹容(A. Danjon)对此说得非常透彻:"自古希腊的希巴恰斯(Hipparchus)以来两千多年,天文

---

① 详细的论证参见江晓原,天文学史上的水晶球体系,《天文学报》1987年28卷第4期。

学的方法并没有什么改变。"①

如果考虑到上述思路正是确立于古希腊,并且正是托勒密的《至大论》第一次完整、全面、成功地展示了这种思路的结构和应用,那么,托勒密天文学说的"科学资格"不仅是毫无疑问的,而且它在科学史上的地位绝对应该在哥白尼之上——因为事实上哥白尼和历史上许许多多天文学家一样,都是吮吸着托勒密《至大论》的乳汁长大的。

## 三、从理论上说哥白尼学说要到很晚才能获胜

多年来一些非学术宣传品给公众造成了这样的错觉:似乎当时除了哥白尼、伽利略、开普勒等几人之外,欧洲就没有其他值得一提的天文学家了。而实际上,当时欧洲还有许多天文学家,其中名声大、地位高者大有其人,正是这些天文学家、天文学教授组成了当时的欧洲天文学界。其中有不少是教会人士——哥白尼本人也是神职人员。

哥白尼《天体运行论》(*De Revolutionibus*)发表于1543年,今天我们从历史的角度来评价它,谓之先进,固无问题,但16、17世纪的欧洲学术界,对它是否也作如是观?事实上,古希腊阿利斯塔克即已提出日心地动之说,但始终存在两条重大反对理由——哥白尼本人也未能驳倒这两条反对理由。

---

① 丹容(A. Danjon),《球面天文学和天体力学引论》,科学出版社,1980年,第3页。

第一条,观测不到恒星的周年视差(地球如确实在绕日公转,则从其椭圆轨道之此端运行至彼端,在此两端观测远处恒星,方位应有所改变),这就无法证实地球是在绕日公转。哥白尼在《天体运行论》中只能强调恒星非常遥远,因而周年视差非常微小,无法观测到。这在当时确实是事实。但要驳倒这条反对理由,只有将恒星周年视差观测出来,而这要到19世纪才由F. W. 贝塞尔(Friedrich Wilhelm Bessel)办到——1838年他公布了对恒星天鹅座61观测到的周年视差。J. 布拉德雷(James Bradlley)发现恒星的周年光行差,作为地球绕日公转的证据,和恒星周年视差同样有力,[1]但那也是1728年之事了——罗马教廷终于在1757年取消了对哥白尼学说的禁令。

第二条理由被用来反对地球自转,认为如果地球自转,则垂直上抛物体的落地点应该偏西,而事实上并不如此。这也要等到17世纪伽利略阐明运动相对性原理以及有了速度的矢量合成之后才被驳倒。

注意到上述这些事实之后,我们对一些历史现象就可以有比较合理的解释。比如,当17世纪来华耶稣会士助大明王朝修撰《崇祯历书》时(1629—1634),因为哥白尼学说并未在理论上获得胜利,当时欧洲天文学界的大部分人士对这一学说持怀疑态度,所以耶稣会士们选择了稍晚于哥白尼学说问世的第谷地心体系

---

[1] 参见米歇尔·霍金斯,《剑桥插图天文学史》,江晓原等译,山东画报出版社,2003年,第201—202页。

(1588年)，作为《崇祯历书》的理论基础，也是情理之中的事。

还有一个判据，也是天文学家最为重视的判据，即"推算出来的天象与实测的吻合程度"。在今天我们熟悉的语境中，这个判据应该是最接近"正确"概念的。然而恰恰是这一最为重要的判据，对哥白尼体系大为不利，而对第谷体系极为有利。

那时欧洲天文学家通常根据自己所采用的体系编算并出版星历表。这种表给出日、月和五大行星在各个时刻的位置，以及其他一些天象的时刻和方位。天文学界同行可以用自己的实际观测来检验这些表的精确程度，从而评价各表所依据之宇宙体系的优劣。哥白尼的原始星历表身后由莱茵霍尔德（E. Reinhold）加以修订增补之后出版，即《普鲁士星表》（*Tabulae Prutenicae*，1551），虽较前人之表有所改进，但精度还达不到角分的数量级——事实上，哥白尼对精度的要求是很低的，他曾对弟子赖蒂库斯（Rheticus）表示，理论值与实测值之间的误差只要不大于10′，他即满意。[①]

而第谷生前即以擅长观测享有盛誉，其精度前无古人，达到前望远镜时代观测精度的巅峰。例如，他推算火星位置，黄经误差小于2′；他的太阳运动表误差不超过20″，而此前各星历表（包括哥白尼的在内）的误差皆有15′—20′之多。行星方面误差更严重，直到1600年左右，根据哥白尼理论编算的行星运动表仍有

---

① 一个典型的例子可见 A. Berry, *A Short History of Astronomy*, New York, 1961, p.128。

4°—5°的巨大误差，故从"密"这一判据来看，第谷体系明显优于哥白尼体系，这正是当时不少欧洲学者赞成第谷体系的原因。

第谷在哥白尼之后提出自己的新宇宙体系（*De Mundi*，1588），试图折衷日心与地心两家。[①] 尽管伽利略、开普勒不赞成其说，但在当时和此后一段时间里该体系还是获得了相当一部分天文学家的支持。比如雷默（N. Reymers）的著作（*Ursi Dithmarsi Fundamentum astronomicum*, 1588），其中的宇宙体系几乎和第谷的一样，第谷还为此与他产生了发明权之争。又如丹麦宫廷的"首席数学教授"、哥本哈根大学教授朗高蒙田纳斯（K. S. Longomontanus）的著作《丹麦天文学》（*Astronomia Danica*, 1622）也是采用第谷体系的。直到雷乔里（J. B. Riccioli）雄心勃勃的巨著《新至大论》（*New Almagest*, 1651），仍主张第谷学说优于哥白尼学说。该书封面画因生动反映了作者这一观点而流传甚广：司天女神正手执天秤衡量第谷与哥白尼体系——天秤的倾斜表明第谷体系更重，而托勒密体系则已被委弃于脚下。

第谷体系当然不是他闭门造车杜撰出来的，而是他根据多年的天文观测精心构造出来的。这一体系力求能够解释以往所有的实测天象，又能通过数学演绎预言未来天象，并且能够经得起实测检验。事实上，此前的托勒密、哥白尼，此后的开普勒，乃至牛顿的体系，全都是根据上述原则构造出来的。而且，这一原则依

---

[①] 第谷（Tycho）的地心宇宙体系让日、月围绕地球旋转，而五大行星则围绕着太阳旋转。

《新至大论》封面

旧指导着今天的天文学。今天的天文学，其基本方法仍是通过实测建立模型——在古希腊是几何的，牛顿以后则是物理的；也不限于宇宙模型，比如还有恒星演化模型等。然后用这模型演绎出未来天象，再以实测检验之。合则暂时认为模型成功，不合则修改模型，如此重复不已，直至成功。

## 四、哥白尼学说不是靠"正确"而获胜的

哥白尼革命的对象，就是他自己精神上的乳母——托勒密宇宙模型。但是革命的理由，如前所述，却不是精确性的提高。然而革命总要有思想资源，既然精确性并无提高，那么当时哥白尼又靠什么来发动他的革命呢？托马斯·库恩（Thomas Kuhn）在他的力作《哥白尼革命》中指出，哥白尼革命的思想资源，是哲学上的"新柏拉图主义"。①

出现在公元三世纪的新柏拉图主义，是带有某种神秘主义色彩的哲学派别，"只承认一个超验的实在"；他们"从一个可变的、易腐败的日常生活世界，立即跳跃到一个纯粹精神的永恒世界里"；而他们对数学的偏好，则经常被追溯到相信"万物皆数"的毕达哥拉斯学派。当时哥白尼、伽利略、开普勒等人，从人文主义那里得到了两个信念：（1）相信在自然界发现简单的算术和几何规则的可能性和重要性；（2）将太阳视为宇宙中一切活力和力量

---

① 托马斯·库恩（T. Kuhn），《哥白尼革命——西方思想发展中的行星天文学》，吴国盛等译，北京大学出版社，2003年，第125—126页。

的来源。

革命本来就暗含着"造反"的因素,即不讲原来大家都承认的那个道理了,要改讲一种新的道理,而这种新道理是不可能从原来的道理中演绎出来的——那样的话就不是革命了。科学革命当然不必如政治革命那样动乱流血,但道理是一样的。仅仅是精确性的提高,并不足以让人们放弃一种已经相信了千年以上的宇宙图像,而改信一种新的宇宙图像,更何况哥白尼体系并不很精确。

如果说,满足于在常规范式下工作的天文学家们只能等待布拉德雷发现恒星周年光行差,或贝塞尔发现恒星周年视差之后,才会完全接受哥白尼日心体系的范式,这并不符合历史事实。因为在此之前,哥白尼体系实际上已经被越来越多的学者所接受。因此哥白尼革命的胜利,明显提示我们——科学革命实际上需要借助科学以外的思想资源。

开普勒就是一个非常有说服力的例子。他在伽利略作出望远镜新发现之前,就已经勇敢接受了哥白尼学说(有他1597年10月13日致伽利略的信件为证),[①] 而当时,反对哥白尼学说的理由还一条也未被驳倒,支持哥白尼学说的发现还一项也未被作出!况且,开普勒"宇宙和谐"的信念,显然也是与新柏拉图主义一脉

---

[①] 开普勒在这封热情洋溢的信中,鼓动伽利略加入公开支持哥白尼学说的阵营:"在断定地球转动不再被视为新鲜的东西后,齐心合力将转动的马车拉到目的地不是更好吗?"见《文艺复兴书信集》,李瑜译,学林出版社,2002年版,第135—137页。我们已经知道,伽利略出于害怕,并未响应开普勒这封信中的号召——即使如此,他最终仍然未能躲过罗马教廷的惩罚。

相承的。

## 五、不能将"科学"与"正确"等同起来

笔者关于"有些今天已经知道是不正确的学说（比如托勒密的地心学说、哥白尼的日心学说等）仍然可以是科学"的见解，从2003年起就引发了不少争论。此事与科学史和科学哲学两方面都有关系。

在争议中，针对许多公众仍然存在着将"科学"与"正确"等同的观念（比如本文开头提到的那些答错考研题目的考生就是如此），北京大学刘华杰博士给出了一个听起来似乎离经叛道的陈述："正确对于科学既不充分也非必要"，[①] 此语虽然大胆，其实是一个完全正确的陈述。这一陈述中的"正确"，当然是指我们今天所认为的正确——"正确"在不同的时代有不同的内容。

不妨仍以托勒密的天文学说为例，稍作说明：在托勒密及其以后一千多年的时代里，人们要求天文学家提供任意时刻的日、月和五大行星位置数据，托勒密的天文学体系可以提供这样的位置数据，其数值能够符合当时的天文仪器所能达到的观测精度，它在当时就被认为是"正确"的。后来观测精度提高了，托勒密的值就不那么"正确"了，取而代之的是第谷提供的计算值，再往后是牛顿的计算值、拉普拉斯的计算值……如此等等，这个过程直

---

① 刘华杰，再说"反科学"，《科学对社会的影响》，2003年第2期。

到今天仍在继续之中——这就是天文学。在其他许多科学门类中（比如物理学），同样的过程也一直在继续之中——这就是科学。

争论中有人提出，所有今天已经知道是不正确的东西，都应该被排除在"科学"之外，甚至认为"理论物理每年发表的无数的论文中有各种各样的模型，这些模型中绝大多数自然是错的，这些错的模型虽然常常是研究中必不可少的过程，它们不会被称为科学。"这种说法在逻辑上是荒谬的——因为这将导致科学完全失去自身的历史。

在科学发展的过程中，没有哪一种模型（以及方案、数据、结论等）是永恒的，今天被认为"正确"的模型，随时都可能被新的、更"正确"的模型所取代，就如托勒密模型被哥白尼模型所取代，哥白尼模型被开普勒模型所取代一样。如果一种模型一旦被取代，就要从科学殿堂中被踢出去，那科学就将永远只能存在于此时一瞬，它就将完全失去自身的历史。而我们都知道，科学有着两千多年的历史（从古希腊算起），它有着成长、发展的过程，它取得了巨大的成就，但它是在不断纠正错误的过程中发展起来的。

所以我们可以明确地说：科学中必然包括许多在今天看来已经不正确的内容。这些后来被证明不正确的内容，好比学生作业中做错的习题，题虽做错了，你却不能说那不是作业的一部分；模型（以及方案、数据、结论等）虽被放弃了，你同样不能说那不是科学的一部分。所以我要强调"我们判断一种学说是不是科学，不是依据它的结论，而是依据它所用的方法、它所遵循的程序"。

我们还可以明确地说：有许多正确的东西，特别是永远正确的东西，却分明不是科学。比如"公元 2003 年 5 月 15 日中午江晓原吃了饺子"，这无疑是一个正确的陈述，而且是一个"永远正确"的陈述，但谁也不会认为这是科学。

因此结论是：我们不能将"科学"与"正确"等同起来。

科学又是可以，而且应该被理解的，同时也是可以，而且应该被讨论的——归根结底它是由人创造出来、发展起来的。那种将今日的科学神化为天启真理，不容对它进行任何讨论，不容谈论它的有效疆界（因为认定科学可以解决世间一切问题），都是和"公众理解科学"这一当代社会活动的根本宗旨相违背的。因为对于一个已经被认定的天启真理，理解就是不必要的——既然是真理，你照办就是。当年"文革"中"理解的要执行，不理解的也要执行，在执行中加深理解"的名言，隐含的就是这样的逻辑。

原载《上海交通大学学报（哲学社会科学版）》2005 年第 4 期。

# 关于科学的三大误导

江晓原

| 导读 |

江晓原教授这篇文章发表于2009年，科学主义与反科学主义最激烈的交锋已经过去数年，此文对反科学主义的基本观点做了全面、温和的总结和阐述，迅速被《新华文摘》转载，产生了很大的影响。与早年不同，此文并未引起科学主义者的强烈反击。这表明，反科学主义的基本观念已经在一定程度上被普遍接受。这篇文章也已成为一篇经典文献。

——田松

在我们的日常生活和工作中，很多文科学者对科学非常崇拜，而真正搞科学前沿的人，他们是知道科学有局限性的，他们也知道，我们平常对公众构造出来的科学图像，比方说科学是非常精密的，它是纯粹客观的，等等，那只是教科书构造出来的。那些在前沿做得比较深入的,成就比较高的科学家,他们完全知道自己在实验室里是怎么回事,所以他们也知道绝对的精确也是不存在的,还有很多所谓的客观的东西,其实也没有我们想象的那样客观。结果就会产生这样的现象:我下面要讲的某些观点,有时反而在搞前沿的科学家那里是容易被接受的。

文人面对科学有时会有自卑心理,因为他们自己确实对数字之类的东西感到厌倦,看到公式也感到厌倦。当年霍金写《时间简史》,他的出版商对他说:"书中每放一个公式,你的书销量就减半"——连 $E=mc^2$ 这样的公式也不例外。但是在第二版的《时间简史》里,霍金把这句话删掉了,因为他的《时间简史》实在太畅销了,他现在往里面放公式也不会减半(尽管如此他还是推出了《时间简史》的普及版)。但是对于其他的人来说,霍金的出版商的话基本上是对的。

这是一方面的情形,另一方面,长期的教育也让我们对科学非常崇拜,结果就会出现下面的情形——这是真实的事情,理工科的和文科的教授在学校的会议上吵起来的时候,那个理工科的教授盛气凌人地说:你有什么了不起啊,你写的论文我都能看懂,我的论文你能看懂吗?文科教授一想是啊,他的论文里有那么多公式,我看不懂啊。理工科教授觉得,你那点文学历史什么的我也能看懂。实际上,这种傲慢是没有道理的,要是弄一段古文,文科教授也同样能让理工科教授看不懂。

有一位很有名的院士,他经常攻击中国传统文化。有一天他在他住的小区里拦住了另一位著名学者,说某某啊,你说,《周易》它是不是伪科学?是不是糟粕?它阻碍我们科学的发展嘛。那位学者和这个院士都是同一个学校出身的,他回答说:"我们的校训'厚德载物,自强不息'就是从《易经》里来的,你看怎么样啊?"这位学者很机智,他当然不赞成这位院士惯常的唯科学主义观点,但他巧妙地利用了两人正好是同一个母校,又用母校的校训去回击院士,使得院士不知说什么好。

所以,实际上学文的和学理工的本来都有一些让对方看不懂的东西,那么为什么学理工的就可以这么傲慢,而学文科的就经常要自卑呢?这种自卑本来是没有必要的。

但是,这种自卑确实是有原因的,我们从小受的教育里有三大误导。这些误导有的人不会直接地赤裸裸地说出来,但在他们思想深处确实是这么想的。笔者自己是学天体物理专业出身,很长时间里,这三大误导在笔者身上都有,但是研究了一段科学史之后,就发现不是那么一回事了。

## 第一个误导:科学等于正确

很多人都会想当然地认为,科学当然等于正确啊。在我们平常的语境里,我们用来称赞某一个东西的时候,我们经常说这个东西"很科学",在这样的语境中,科学当然被我们假定它就等于正确。

但是只要稍微思考一下,我们就知道科学不等于正确。

因为科学是在不断发展进步的,进步的时候肯定就把前面的东西否定掉了,前面那些被否定掉了的东西,今天就被认为不正确。比如,我们以前认为地球在当中,太阳围着地球转,后来我们知道是地球绕着太阳转,再往后我们又知道太阳也不是宇宙的中心,我们还知道地球绕日运行也不是圆周运动而是一个椭圆,再后来我们又知道椭圆也不是精确的椭圆,它还有很多摄动,如此等等。由于科学还在发展,所以你也不能保证今天的科学结论就是对客观世界的终极描述,任何一个有理性的人都知道这不是终极描述。以后科学还要再发展,未来的结论中我们今天的认识又不对了,或者退化为一个特例——比如牛顿力学退化为相对论效应非常小的情况下的特例,等等。旧的结论总是被新的结论取代,那么那些被取代的东西,它们是不是还算科学呢?

当初笔者提出"科学不等于正确"的时候,遭到了很多人的反驳,其中一种反驳的路径是,要求把被今天的科学结论取代了的部分从科学中拿出去,所以说托勒密的天文学现在就不是科学,因为它不正确。但是如果遵循这种路径,那么哥白尼也不正确,也不是科学,牛顿也不正确,也不是科学。为了保证自己逻辑自恰,一旦你宣称托勒密不是科学,你就必然宣称哥白尼牛顿开普勒伽利略等都不是科学——只要有一点今天认为不正确的东西,它就不是科学。那么科学还剩得下什么?就剩下爱因斯坦勉强站在那里,但是谁知道呢,说不定哪天又有一个新发现,爱因斯坦又不正确了，那么他又被从科学殿堂里踢出去了。

要是这样的话，科学就将不再拥有它自身的历史，科学就只存在于当下这一瞬，此前一秒钟的都不是科学，这样的话就整个否定了科学自身的历史。所以这个路径是走不通的。

我们当然要承认以前的东西是科学，我们判断一个东西是不是科学，主要不是看它的结论正确与否，而是看它所采用的方法和它在当时所能得到的验证。用一个通俗的比方，就好比是做作业：老师布置了10道作业，你做错了3道，做对了7道，你把作业交上去，老师得承认你完成了作业，老师不能说你只完成了70%的作业，还有3道题目不是作业。做错了的题目还是作业，被我们放弃了的理论和结论仍然是科学，这个道理是一样的，它们的科学资格不能被剥夺。

那么下面这个说法就也能够成立："正确对于科学既不充分也非必要"。这个说法是北大的刘华杰教授想出来的，就是说有一些不正确的东西它是科学，还有一些肯定正确的东西它不是科学。这很容易举例，比方说今天晚上可能下雨也可能不下，这样的话就是肯定正确的，但没有人会承认这是科学，所以很多正确的废话都不是科学。

我们还要看一下哥白尼学说胜利的例子。这个例子说明：某一种理论被我们接受，并不一定是因为它正确。

我们以前被灌输进来的一个图像是这样的：科学是对客观世界的反映，一旦客观世界的规律被我们掌握，我们就能描述这个世界，我们甚至还能够改造它。认为科学的胜利就是因为它正确，它向我们展现一个又一个正确的事例，最后我们就接受它。

但是实际上我们考察科学史的例子就能看到，在很多情况下，科学不是因为它正确才胜利的。这个哥白尼的事例是许多科学哲学家都分析过的——当年库恩等人都在哥白尼身上花了很大工夫，拉卡托斯也是这样，因为这个例子很丰富，从中可以看出很多东西来。

哥白尼提出他的日心学说，为什么很长时间欧洲的科学家都不接受呢？这是因为他的学说有一个致命弱点——人们观测不出恒星的周年视差。而从日心学说的逻辑上说，恒星周年视差一定是存在的，哥白尼的辩解是它太小，我们观测不到。这个辩解是正确的，因为在那个时代还没有望远镜，观测仪器确实观测不到。后来直到1838年，贝塞尔才第一次观测到了一颗恒星（天鹅座61）的周年视差。因为那时候望远镜都已经造得很大了，才终于观测到了。

按照我们以前关于正确的图像，显然哥白尼学说要到1838年才能够被学者们接受，因为在此之前他的理论有一个致命的检验始终不能证实，我们就没有理由相信这个学说。然而事实上哥白尼学说很早就胜利了，比如开普勒、伽利略都很早就接受了哥白尼学说。为什么他们会接受它呢？在当这个学说还没有呈现出我们今天意义上的所谓"正确"的结果时，为什么它已经胜利了呢？

现在库恩等人考证，这是因为新柏拉图主义。哥白尼也好，开普勒也好,这些人都信奉哲学上的新柏拉图主义——在这种哲学学说里,太阳被认为是宇宙中至高无上的东西。因此他们出于这种哲学思潮的影响,不等哥白尼被证实为正确,就已经接受它了。

这个例子确实可以说明,科学和正确的关系远远不像我们想象的那么简单,一些东西也并不是因为它正确它才被接受的。这个事实可以直接过渡到后来 SSK 理论中的社会建构学说,实际上伽利略等人接受哥白尼学说就是在进行社会建构——用他们的影响、他们的权威来替这个学说作担保:虽然还没有验证它,但我向你们担保它肯定正确。

## 第二个误导:科学技术能够解决一切问题

很多唯科学主义者辩解说:我什么时候说过科学技术可以解决一切问题啊?我从来没这样说过啊。但是他其实是相信的,我们当中的很多人也相信这一点。我们最多退一步说,只要给我们足够长的时间,科学技术就能解决一切问题。我们承认今天还有一些科学还没有解决的问题,但是它明天可以解决,如果明天它没有解决,那么后天它可以解决,后天它还不能解决,也不要紧,它将来一定可以解决。这是一种信念,因为科学已经给我们带来了那么多的物质上的成就,以至于我们相信它可以解决一切问题——只要有足够的时间。

这个说法也可以换一种表述,说科学可以解释一切事情:只要给我足够长的时间,我就可以解释这个世界上的一切。这和可以解决一切问题实际上是一样的。

归根到底，这只是一个唯科学主义的信念。这个信念本来是不可能得到验证的，实际也从来没有被验证过。但是更严重的问题是，这个信念是有害的。

因为这个信念直接引导到某些荒谬的结论，比方说已经被我们抛弃了的计划经济，就是这个信念的直接产物。计划经济说，我们可以知道这个社会的全部需求，我们还能知道我们这个社会的全部供给，我们科学计算了需求和供给的关系，我们就能让这个社会的财富充分涌流，它既不浪费也不过剩也不短缺——以前搞计划经济的人的理论基础就是这样的。结果当然大家都知道了，计划经济给我们带来的是贫困，是落后。今天我们中国经济这么发展，不是计划经济的结果，是抛弃了计划经济的结果。

阐述唯科学主义和计划经济关系的著作，最好的就是哈耶克的《科学的反革命——理性滥用之研究》。半个多世纪前，那时理性滥用还远没有今天这么严重，但那时他就有先见之明，而且对于唯科学主义会怎样导致计划经济，再进而导致政治上的专制集权等，他已经都根据苏联的材料非常准确地预言了。

## 第三个误导：科学是至高无上的知识体系

这第三个误导我相信很多人也是同意的。"科学是一个至高无上的知识体系"，笔者以前也是这样想的。因为这和科学能够解决一切问题的信念是类似的——它基本上是建立在一个归纳推理上：因为科学已经取得了很多很多的成就，所以我们根据归纳相信它可以取得更多的成就，以至于无穷多的成就。

科学哲学早已表明，归纳推理是一个在逻辑上无法得到证明的推理，尽管在日常生活中我们不得不使用它，但是我们知道它并不能提供一个完备的证明。因此，科学它即使是解决了很多很多的问题，在现有的阶段得分非常的高，这并不能保证它永远如此。况且这个得分的高低，涉及评分的标准，其他的学说，其他知识体系的价值怎么评价，都是可以讨论的问题，并不是由谁宣布一个标准，大家就都要照着做。

那么，为什么相信科学是至高无上的知识体系呢？除了类似于科学能解决一切问题这样的归纳推理之外，它还有一个道德上的问题。因为我们以前还描绘了另外一个图景，我们把科学家描绘成道德高尚的人。他们只知道为人类奉献，他们自己都是生活清贫，克己奉公，他们身上集中着很多的美德。但是现在大家都知道，科学家也是人嘛，也有七情六欲，也有利益诉求。

为了维护上述图像，又有人宣称：科学共同体即使有问题，公众也没有资格质疑，因为你们不懂，你们不专业，而我们是既专业又道德高尚的，所以即使我们犯了错误，我们自己可以纠正，用不着你们来插手，也用不着你们来插嘴——这样的一种想法以前是很流行的，它也属于那种没有直接说出来过，但是被许多人默认的。

## 公众是否有权质疑科学？

说到公众质疑科学的问题,有一个很好的例子。好多年前,现在的上市公司宝钢股份当年刚刚建设的时候,有一个著名越剧演员袁雪芬,当时在两会上提出质疑说:宝钢这个项目的建设合不合理?有没有必要?结果媒体上就出现了很多嘲笑的声音,说一个越剧演员,她根本不懂钢铁的冶炼、矿石的运输、电力的要求,等等,她整个都不专业啊,她凭什么来质疑宝钢建设是不是合理?现在我们重新来评价这件事情,我们认为袁雪芬一点都不可笑,即使她不懂,也可以质疑。

为什么不懂也可以质疑?因为你有这个权利。因为今天的科学是用纳税人的钱供奉起来的,你是纳税人之一,因此你已经获得了这个权利,即使你不懂,你以一个外行的思路去质疑了,你也许很可笑,但是人们不应该嘲笑你,而科学家则有义务向你解释。所以今天我们说,那个宝钢工程的决策者,有义务向袁雪芬解释,我们设计这样一个企业是合理的,来说服袁雪芬,使她的疑惑冰释。当然我们今天看到,宝钢是一个相当成功的企业,可以说当年的决策是对的,但是袁雪芬当时要质疑,她也是对的,因为她有这个权利。作为"两会"的民意代表,她还有义务。

当科学没有拿纳税人的钱来供养,纯粹是科学家个人业余爱好的时候,可以拒绝人们的质疑,那时科学家没有义务来回答这种质疑。比如爱因斯坦研究相对论的时候,纯粹是他的业余活动。

按今天的标准，他甚至就像一个"民科"，他只不过是个小职员，业余有兴趣，他那时没有拿过任何纳税人的钱。等后来他到普林斯顿，被美国供养的时候，那他就拿了纳税人的钱了。但先前他纯粹是个人爱好，一个纯粹个人的行为，当然可以拒绝别人的质疑，也没有义务去回答——当然你有兴趣回答也很好，但是你可以不回答。但是，现在科学都是拿纳税人的钱供养的，所以科学共同体有义务回答公众的质疑。

### 科学带来的问题，只能靠科学解决吗？

"科学带来的问题，只能靠科学来解决"，这也是我们很常见的一句话。当那些环保人士指出说科学技术的发展和应用带来了环境的破坏，或者带来了很多其他的问题——比如互联网带来了心灵的疏离，电脑游戏带来了年轻人的病态等。但是科学主义的解释是：就算我承认这些东西是我带来的，这也只能让我进一步发展来解决，你也甭想通过指出这些问题来向我泼什么脏水。

"好的归科学，坏的归魔鬼"，这个表达是北京师范大学的田松博士想出来的。日常生活中，我们就是这样做的。因为我们已经把科学想象成一个至高无上的知识体系，所以每当看到科学带来的成就，或者我们看到某一个事情它是有好的结果，或者说它到现在为止呈现为好的结果的时候，如果它自己宣称它是因为科学而得到的，那么我们立刻把它记在科学的功劳簿上，说这是科学本身带来的福祉；而如果有哪件事情上科学技术带来了不好的结果（比如三聚氰胺带来的毒奶粉），我们立即把它分离出去，说这是某些坏人滥用了它的结果，科学技术本身是没有害处的。

所以"好的归科学，坏的归魔鬼"这种思路，确保了科学技术本身在任何情况下都不会受到质疑。

在这个基础上，当科学技术带来了问题，它就可以说：只有进一步让我发展才能解决。这听起来似乎也很合理，而且我们在很多情况下也不得不如此，我们被迫接受这种局面。但我们必须认识到，这个论证是有问题的。

有一个比较世俗化的比喻，这就和某些人的炒股类似：一个炒股的人做一单输掉了，他说我还要接着做，我要反败为胜；如果做一单赢了，他说我还要接着做，我要再接再厉。于是不管他做输还是做赢，总是成为他做下一单的理由。同样的，不管科学技术给我们带来了好的东西还是坏的东西，总是能成为让它进一步发展的理由。

我们应该想想，这样的局面是不是有问题。比如，我们在电视上天天都能看到广告，什么减肥、补脑、美容等，所有这些广告，都要强调它是"科学"的，实际上公众通常不会参与对这些广告产品的科学性验证，事实上你也不可能去参与。实际它们只是利用了公众对科学的迷信和崇拜，目的是完成资本的增值。又如，关于各种各样疾病的定义，很多都受到跨国大药品公司的影响，它们通过媒体把某种东西说成病，使得大家买更多的药品，这些实际上都是在利用科学来敛财。

科学技术现在已走向了产业化,它实际上也已变成了一个利益共同体。这个利益共同体可以利用大家对科学技术的迷信,为它自己谋利益。最典型的例子就是要上大工程的时候。你在媒体上听见的,都是赞成的言论。政府的决策者想听听各方面意见时,即使让环保人士也发表了意见,但是最后他会觉得工程技术共同体的言论权重大,因为"专业"啊。

实际上这就像西方学者所追问的:科学有没有无限的犯错权?这个共同体做了决策,得了大单,过了几年,结果根本没有他们最初承诺的那么好,这时这个共同体会承担责任吗?不会,因为科学技术带来的问题只能进一步发展科学来解决,它站在一个稳赚不赔的立场上,它总是有道理的,它可以无限犯错误。如果我们都长期接受这种逻辑的话,后果可能不堪设想。

## 客观的科学与客观的历史

我们以前都相信有一个客观的科学,因为有一个客观的外部世界嘛,这个世界的规律被科学揭示出来,规律早就存在,它是不以人的意志为转移的,它在外面存在着,只是被我们发现了而已,所以它本身的客观性是完全不能质疑的。

但是这几十年流行的 SSK——科学知识社会学,就是要强调这些知识有很多都是社会建构的。"社会建构"用我们中国人最直白的话说,就是"少数人在小房间里商量出来的",它不是真的那么客观的东西,那个纯粹客观的东西它有没有是可以存疑的,即使我们承认它有，我们是不是能知道它也是有问题的。我们只能在经验的程度上，在经验的意义上，说我们可以知道这个东西。

历史的客观性与此类似，而且更容易理解。任何一个历史的事件，我们今天靠什么来知道呢？无非是靠留下来的文献，或地下发掘的文物，或某些当事人留下的访谈——所谓的口述历史，这些东西没有一个是完备的，很多事情实际上都是由后人建构的。当然，谁的建构相对更合理，这还是可以比较的。

古代中国人在这个问题上倒是比较宽容，我们古人并不强调历史的真实性，我们强调的是用历史来教化后人，所以适度的建构是完全允许的。历史上一些著名的事例，比如"在齐太史简，在晋董狐笔"，其实恰恰是将"教化"置于至高无上地位的例子（篇幅所限只能另文讨论了）。

实际上，说客观的科学，它在某种程度上和客观的历史是类似的，它们都只是一个信念。这个信念是没办法验证的。我们可以保留这样一个信念，但是我们要知道它只是一个信念而已。

20世纪50年代，C. P. 斯诺作过两个著名的演讲。斯诺自己原来是学理工科的，后来又在文科中混，所以他觉得他文理都知道。他有一个演讲是《两种文化》，中译本有好几个。他那时候觉得科学技术的地位还不够高，因为学文科的那些人还有某种知识上的优越感，所以他要给科学技术争名位。到了今天，情况完全变了，钟摆早就摆到另一端了，如果 C. P. 斯诺活在今天的话，他就要作另一个演讲了，他要倒过来给文科争名位了，因为如今在世界范围内人文学科都受到了很强的排挤。

实际上文和理之间，斯诺的诉求还是对的，这两者要交融，要多元和宽容，谁也不是至高至善的，大家有平等的地位。

那么这个多元和宽容，意味着什么呢？宽容可以是这样：即使我自己相信科学，我也可以宽容别人对科学的不相信。科学到目前为止仍然是一个非常好的工具。所以我们肯定在很多事情上用科学来解决，但是那些科学不能解决的问题，我们还是要求诸于别的东西。

所谓宽容，是说你自己可以有自己的立场，但是你不把这个立场强加于人；宽容就是要宽容和自己信念冲突的东西。这和你坚持自己的立场，和你自己恪守某些道德原则，并不是必然冲突的。

2007年有一个《关于科学理念的宣言》（以下简称《宣言》），是中国科学院和中国科学院院部主席团联名在报纸上公开发表的。这个历史文献的重要性，很可能还没有被充分估计和阐述，所以值得在这里特别提出。

这个文献里特别提到："避免把科学知识凌驾于其他知识之上"——这个提法是国内以前从来没有过的。因为我们以前都认为科学是最好的、至高无上的知识体系，所以它理应凌驾在别的知识体系之上。但是现在《宣言》明确地否定了这一点。

另外，《宣言》强调，要从社会伦理和法律层面规范科学行为，这就离开了我们以前把科学想象为一个至善至美事物的图像。我们以前认为科学是绝对美好的，一个绝对美好的东西，根本不需要什么东西去规范它,它也不存在被滥用的问题。绝对美好的东西只会带来越来越多美好的后果。所有存在着滥用问题的、需要规范的东西,肯定不是至善至美的东西。所以这种提法意味着对科学的全新认识。

《宣言》中甚至包含着这样的细节:要求科学家评估自己的研究对社会是不是有害,如果有害的话,要向有关部门通报,并且要主动停止自己的研究。这就等于承认科学研究是有禁区的。这也是以前从未得到公开认同的。

这个《关于科学理念的宣言》,是院士们集体通过的,所以它完全可以代表中国科学界的高层。这个文件表明:中国科学界高层对国际上的先进理念是大胆接受的。

原载《新华文摘》2009年第9期。

# 物理学、生物学和心理学中的哲学问题

萨米尔·奥卡沙

迄今为止，我们所探讨的问题——归纳、解释、实在论和科学变迁——都属于所谓的"一般科学哲学"。这些问题都是关注一般意义上的科学探究的本质，而不是特别地与（例如）化学或地质学相关的本质。然而，特定科学中也有许多有趣的哲学问题，这些问题属于我们所说的"特殊科学的哲学"。这些问题通常部分依赖于哲学沉思，部分依赖于经验事实，从而十分有趣。在本章中，我们要考察分别来自物理学、生物学和心理学的三个这类问题。

## 莱布尼兹 VS. 牛顿：关于绝对空间

我们的第一个主题是关于17世纪两个杰出科学家——莱布尼兹（1646—1716）和牛顿（1642—1727）之间就时空本质的争论。我们将主要关注空间问题，而时间问题也与此紧密相关。在其著名的《自然哲学的数学原理》一书中，牛顿为一种被称为"绝对主义者"的空间观念进行了辩护。根据这种观点，空间拥有一种"绝对"存在，超越于各种物体的空间关系之上。牛顿把空间看作一个三维的容器，上帝在创造世界的时候把物质世界放在其中。这就意味着空间在有物体之前就已存在，正如在把食品放进食品盒之前该容器就已经存在一样。根据牛顿的看法，空间与食品盒之类的日常容器之间的区别仅在于，日常的容器显然尺寸有限，而空间却在每个方向上都无限延伸。

莱布尼兹强烈地反对这种绝对主义的空间观和牛顿哲学中的许多其他观点。他认为空间仅是由物体间的空间关系构成的集合。"上""下""左""右"就是空间关系的个例——它们是物体相互之间具有的关系。这种"关系论者"的空间概念意味着，在有物体之前空间并不存在。莱布尼兹认为在上帝创造物质世界**之时**，空间才开始存在；空间并不是预先存在着并等待物体填充进去。所以把空间设想成一个容器甚或任何种类的实体都不是有效的想法。可以通过一个类比来理解莱布尼兹的观点。一份合法的合同由两方——如一所房子的买方和卖方——之间的关系构成。如果其中一方去世，合同便终止。所以，说合同独立于买卖双方间的关系而存在是不切实际的——合同就是这种关系。同样，空间也不是什么超越物体间的空间关系而存在的东西。

牛顿引入绝对空间的概念主要是为了区别绝对运动和相对运动。相对运动是一个物体相对于另一物体的运动。就相对运动而言，问一个物体是否"真正"在运动是没有意义的——我们只能问它是不是相对于另一物体在运动。想象一下，两人沿着一条直道一前一后慢跑着，相对于站在路边的旁观者，这两个人明显处在运动中：他们正离得越来越远。但是这两个慢跑者相对于彼此却没有运动：只要他们保持同样的速度跑向同一方向，他们的相对位置就仍然不变。所以一个物体相对于一物可能处于运动之中，而相对于另一物却处于静止状态。

牛顿相信，绝对运动同相对运动一样也是存在的。常识支持这种观点。直观上，问一个物体是否"真正地"在**运动**确实是有意义的。想象处于相对运动中的两个物体——如一架空中的滑翔机和地面上的一位观察者。现在相对运动是对称的：正如滑翔机相对于地面上的观察者是运动的，地面上的观察者相对于滑翔机也是运动的。但是问以下问题是否确实有意义：观察者或滑翔机，或者两者，是否"真正地"在运动？如果确有意义，我们就需要绝对运动的概念。

绝对运动到底**是**什么？在牛顿看来，它是**相对于绝对空间自身**的物体运动。牛顿认为在任何时间，每个物体都在绝对空间中有一个特定的位置。如果一个物体从一个时刻到另一个时刻在绝对空间中改变了位置，该物体就处于绝对运动状态；反之，则处于绝对静止状态。所以为区分相对运动和绝对运动，我们需要把空间看作一个绝对的实体，超越物体之间的关系。请注意，牛顿的推理依赖于一个重要的假设。他毫无疑问地假设所有运动都是相对于某个参照物的。相对运动是相对于其他物体的运动;绝对运动是相对于绝对空间自身的运动。所以在某种意义上,对于牛顿来说,即使绝对运动也是"相对的"。实际上牛顿是在假设,处于运动状态,不论是绝对运动还是相对运动,都不可能是关于物体的"原初事实";它只能是关于物体与其他事物间关系的事实。这里的其他事物可能是另一个物体,也可能是绝对空间。

莱布尼兹承认,在相对运动和绝对运动之间存在着区别,但是他反对把绝对运动解释为与绝对空间相关的运动。他认为绝对空间的概念是不严密的。对此,他作了大量论证,其中许多在本质上是神学的。从哲学的观点看,莱布尼兹最有趣的论证是,绝对空间与他所说的不可分辨事物的同一性原则①相矛盾。莱布尼兹认为这条原则毋庸置疑是正确的,所以他拒斥绝对空间的概念。

不可区分事物的同一性原则指的是,如果两个物体不可区分,它们就是同一的,即它们实际完全是同一个物体。说两个物体不可区分意味着什么呢?这意味着根本不能在这两者之间找到任何区别——两者具有完全相同的属性。所以如果该原则是真的,那么任何两个真正不同的对象必须至少在一个属性上不同——否则它们就是同一个而不是两个物体。不可区分事物的同一性原则在直观上非常具有说服力。找到两个不同的物体共同具有**所有**属性的例子当然不容易。甚至工厂里大批量制造的两个产品通常也会

---

① 不可分辨事物的同一性原则认为如果两个东西具有一切相关性质,那么它们只能是同一个事物,而不可能是不同的事物,这通常被称作"莱布尼茨律"。

在许多方面不同,即便这些差别不能通过肉眼观察到。该原则总体上是否正确,是哲学家们仍在争论的复杂问题;答案部分取决于究竟什么能被算作"属性",部分取决于量子物理学中的疑难问题。但是我们目前关注的是莱布尼兹对这条原则的应用。

莱布尼兹用了两个思想试验来揭示牛顿的绝对空间理论和不可区分事物的同一性原则之间的矛盾。他的论证策略是间接的:为了论证,他假设牛顿的理论正确,然后他力图证明这一假设会带来矛盾;矛盾不可能为真,所以莱布尼兹的结论是牛顿的理论必为假。回想一下牛顿的观点,他认为在时间上的任何时点,宇宙中的每一个物体在绝对空间中都有一个确定的位置。莱布尼兹要我们设想两个不同的宇宙,其中包含有彼此完全相同的物体。在宇宙 1 中,每个物体在绝对空间中都占据一个特定的位置。在宇宙 2 中,每个物体在绝对空间中都被移到了一个不同的位置,(例如)向东移了两英里。没有任何方式可以区分开这两个宇宙。因为正如牛顿自己所承认的,我们不能观察到绝对空间中物体的位置。我们所能观察到的只是物体**相对于其他物体**的位置,而这些位置没有变化——所有物体在移动的量上都相同。任何观察和实验都永远不能揭示出我们是生活在宇宙 1 还是宇宙 2 中。

第二个思想试验与第一个相类似。回想一下牛顿的理论,他认为一些物体在绝对空间中移动而另外一些物体处于静止状态。这就意味着在每一时刻,每个物体都有一个确定的绝对速度。[速度(velocity)是在一定方向上的速度(speed),所以一个物体的绝对速度是该物体在绝对空间中一定方向上的移动速度。绝对静止的物体绝对速度为零。]现在想象有两个不同的宇宙,它们之中有完全相同的物体。在宇宙1中,每个物体都有一个特定的绝对速度。在宇宙2中,每个物体的绝对速度都增加了一个固定的量,比如说(增量为)在一个规定的方向上每小时300公里。我们还是永远不能区分开这两个宇宙。因为正如牛顿自己所承认的,我们不可能观察到一个物体相对于绝对空间的移动速度。我们只能观察到物体**相对于其他物体来说**移动的速度——而这些相对速度将保持不变,因为每个物体的速度都增加了完全相同的量。没有任何观察和实验能够揭示出我们是生活在宇宙1还是宇宙2。

在上述每个思想试验里,莱布尼兹都描绘了两个宇宙,用牛顿自己的理论永远无法区分开——它们完全不可分辨。但是根据不可区分事物的同一性原则,这就意味着这两个宇宙实际上是同一个。所以结果就是,牛顿的绝对空间理论是错误的。还可以用另外一种方式来看待这一点:牛顿的理论暗示,处于绝对空间中某一处的宇宙与移动到不同处的该宇宙之间有真正的差异。但是莱布尼兹指出,只要宇宙中每个物体位置移动的量相同,这种差异就完全不可觉察。如果在两个宇宙之间觉察不到任何差异,它们就是不可区分的,不可区分事物的同一性原则告诉我们,这两个宇宙实际上是同一个。所以牛顿理论的一个错误是:它在只有一个事物的时候认为有两个事物存在。绝对空间的概念因而与不可区分事物的同一性原则相冲突。莱布尼兹的第二个思想试验逻

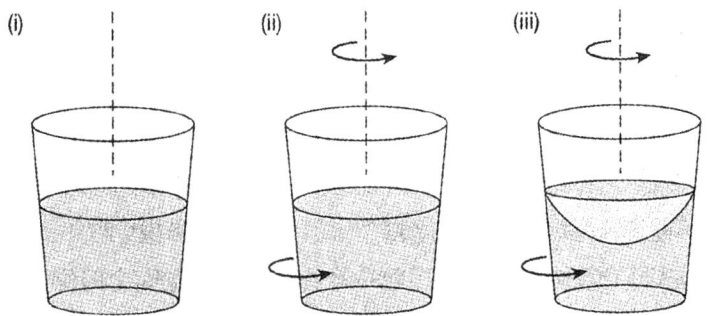

图1 牛顿的"旋转桶"试验。在步骤 i，桶和水都静止；在步骤 ii，桶相对于水在转；在步骤 iii，桶和水协力地转动

辑与此相同。

实际上，莱布尼兹是在声称绝对空间是一个空概念，因为它不能在观察上作出区分。如果既不能觉察到绝对空间中物体的位置，也不能觉察到相对于绝对空间的物体速度，那又为什么要相信绝对空间？莱布尼兹在此诉诸一个非常合理的原则，即仅当不可观察的实体的存在会带来能够观察到的差异，我们才应该在科学中假定该实体存在。

但是牛顿认为他能够揭示绝对空间**确实**有可观察的效应。这就是他著名的"旋转桶"论证的要点所在。他让我们想象一个装满了水的桶，它由一根穿过位于其底部的一个孔洞的绳子悬挂着。

最初水相对于桶处于静止状态，然后绳子被搓动了许多次再放开。随着绳子的展开，桶开始旋转。起先，桶中的水保持静止，水面是平的；桶相对于水在旋转。但是稍后，桶把它的运动传递给水，水也开始随着桶协力旋转；桶与水相对于彼此又静止了。操作显示，之后水面在桶边处向上凸起。

是什么造成桶边水面的隆起？牛顿问道。明显这与水的旋转有关。但旋转是运动的一种类型，而对牛顿来说，物体的运动总是相对于其他物体的。所以我们必然要问：水相对于什么在旋转？显然不是相对于桶，因为桶和水在协力旋转，因而它们之间相对静止。牛顿认为水是相对于绝对空间在旋转，并且这导致了桶边水面的向上凸起。所以绝对空间的确在事实上有可观察的效应。

你也许会认为牛顿的论证中有个明显的缺陷。就算水不是相对于桶在旋转，为什么就能得出一定是相对于绝对空间在旋转？水的旋转是相对于做这个实验的人，相对于地球的表面，以及相对于固定的星辰。是否其中的任何一个当然都有可能导致水面的隆起？牛顿对这一运动有个简单的回答。想象一个只包含该旋转的桶的宇宙。在这个宇宙中，我们不能用水是相对于其他物体在旋转来解释水面的隆起，因为不存在其他物体，并且与之前一样，水相对于桶是静止的。绝对空间是剩下的水的旋转唯一可以相对的东西。所以我们必须相信绝对空间，不然就不能解释为什么水面会隆起。

实际上，牛顿是在说，尽管一个物体在绝对空间中的位置和它相对于绝对空间的速度不能被觉察到，但说出一个物体相对于绝对空间何时在**加速**却**的确**可能。因为当一个物体旋转时，根据定义它就在加速，即使旋转的速率不变。这是因为在物理学上，加速度被定义成速度变化的比率，并且速度是**一定方向上的**速度。旋转的物体一直在改变着运动的方向，结果就是它们的速度不是不变的，因此它们在加速。隆起的水面恰恰就是所谓"惯性效应"——由加速运动产生的效应——的一个例子。另外一个例子是当飞机起飞时，你所获得的被推向椅背的感觉。牛顿坚信，惯性效应的唯一可能的解释是，经受那些效应的物体相对于绝对空间在加速。在一个只有加速物体的宇宙中，绝对空间是加速度唯一能够相对的。

牛顿的论证很有力，但不能说服人。因为如果旋转桶试验是在一个没有其他物体的宇宙中完成的，牛顿如何知道水面**会**向上隆起。牛顿想当然地假设，我们在这个世界中所发现的惯性效应在没有其他物体的世界中也会保持不变。这明显是个非常重要的假设，许多人已经质疑牛顿有何理由如此设想。所以，牛顿的假设不能证明绝对空间的存在。相反，它为莱布尼兹的辩护者平息了来自外界的一种挑战，即要求他们提出惯性效应之外的替代解释。

莱布尼兹也面临着不借助绝对空间来解释绝对运动和相对运动之间区别的挑战。在这个问题上，莱布尼兹撰文称，"当实体变化的直接原因在实体本身时"，该实体就在真正地或绝对地运动。回想一下滑翔机和地面上的观察者的例子，相对于彼此，两者都在运动。为了确定哪个在"真正地"运动,莱布尼兹会说我们需要确定变化(即相对运动)的直接原因是在滑翔机、观察者还是这两者。这种关于如何区别绝对运动和相对运动的提议,避免了一切对绝对空间的参照,但是却很不清晰。莱布尼兹从未严格地解释过在一个物体中"变化的直接原因"是什么**意思**。但是也许他的意图是要拒斥牛顿的假设,即一个物体的运动,不管是相对运动还是绝对运动,都只能是关于该物体与其他物体间关系的一个事实。

令人感兴趣的是,关于绝对和相对的争论并没有消逝。牛顿关于空间的论述与他的物理学有密切的关系,而莱布尼兹的观点是对牛顿观点的直接回应。所以也许有人会认为17世纪以来的物理学的发展,到目前应该已经解决了这一问题。但是这却没有发生。尽管人们曾经普遍认为,爱因斯坦的相对论已经作出了偏向于莱布尼兹的论断,但是近些年来这种观点日益遭到批判。源于牛顿和莱布尼兹之间的争论在300多年后变得更为激烈。

## 生物学分类的问题

分类,或者说把正在研究的对象归到一般的种类中,在每门科学中都起到作用。地理学家按形成方式把岩石分为火成岩、沉积岩以及变质岩。经济学家按公平程度将税制分为比例税制、累进税制及累退税制。分类的主要作用是传达信息。如果化学家告诉你某物是金属,那就告诉了你很多关于它的可能性状。分类提出了一些有趣的哲学问题。这些问题大部分源于这一事实,即任何给定的对象集合原则上都可以按很多不同的方式来划分类别。化学家根据物质的原子数目来划分物质,产生了元素周期表。但是他们同样也能按照物质的颜色、气味或密度来划分物质的类别。我们该如何在这些可能的分类方式中作出选择?存在一种"正确的"分类方式吗?或者是否所有的分类方案最终都是任意的?这些问题在生物分类或分类学中显得特别紧要,这正是我们在此要关注的。

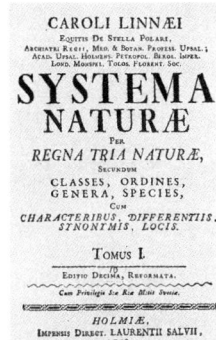

林奈的名著《自然系统》,该书介绍了他对植物、动物和矿物质的分类。

生物学家传统上用林奈系统来划分植物和有机生物,这一系统是以18世纪瑞典博物学家卡尔·林奈(1707—1778)的名字来命名的。林奈系统的基本元素对许多人来说简单而熟悉。首先,个体的有机生物属于一个**种**,然后每个物种属于一个**属**,每个属又属于一个**科**,每个科属于一个**目**,每个目属于一个**纲**,每个纲属于一个**门**,而每个门又属于一个**界**。多种中间等级,如**亚种**、**亚科**和**总科**也被加以识别。

种是基本的分类单元，属、科、目等被视作"高级分类单元"。一个物种的标准拉丁名指示了该物种所归入的属，仅此而已。例如，你和我都属于**智人**，这是人属中唯一存活的物种。人属中其他两个物种是**直立人和能人**，这两个种现在都已经灭绝了。人属又属于人科，人科又属于类人猿总科，类人猿总科又属于灵长目，灵长目又属于哺乳动物纲，哺乳动物纲又属于脊索动物门，脊索动物门属于动物界。

应该注意，林奈划分有机生物的方法是层级式的：众多种处于单个属中，众多属又处于单个科中，众多科又处于单个目中，以此类推。所以当我们向上推移时，会发现每个层上的分类单元越来越少。在底部差不多有数百万物种，但是到了顶部仅有五个界：动物界、植物界、真菌界、原核生物界、原生生物界。并非科学中的每个分类系统都是等级式的。化学中的周期表就是非等级式分类的一个例子。不同的化学元素并不是像林奈系统中种的划分方式，被安置在越来越具有总括性的分组中。我们必须面对的一个重要问题是，生物学分类**为什么**应该是层级式的。

林奈系统在过去几百年中一直很好地满足了博物学家们的需要，并且一直被沿用至今。在某些方面这令人惊讶，因为在这段时期内生物学理论已经发生了很大改变。现代生物学的奠基石是达尔文的进化论，这一理论认为当代的物种源自远祖物种；这种理论与古老的、圣经所启示的观点相冲突，后者认为每一物种都是被上帝独立创造出来的。达尔文的《物种起源》一书于1859年出版，但是直到20世纪中叶，生物学家才开始发问进化论是否应该影响有机体分类的方式。直到20世纪70年代，两个对立的分类学派才出现，这两个学派为该问题提供了竞争性的解答。按照**分支分类学派**的观点，生物学分类应该力图反映物种间的进化关系，所以进化史的知识对于作出好的分类是不可或缺的。但根据**表现型分类学派**的观点，情况却不是这样：分类学能够而且应该完全独立于进化方面的考虑因素。第三个派别被称作**进化分类学派**，他们力图把前两者的观点结合起来。

为了理解分支分类学派和表现型分类学派之间的争论，我们必须把生物学分类的问题一分为二。第一个问题是如何把有机体划归到种当中去，这被称作"物种问题"。这个问题远没有得到解决，但是在实际中生物学家通常能够就如何划定物种的界限达成一致，尽管也有一些很难划界的情况。一般而言，如果有机体相互之间能够杂交繁殖，生物学家就把这些有机体归为同一种，反之，就把它们归为不同种。第二个问题是把一组物种归入到更高级的分类单元中去，这显然预设第一个问题已经有了解决方案。正如所发生的那样，分支分类学派和表现型分类学派虽然通常在物种问题上不能达成一致，但是他们之间的争论主要集中在更高级的分类单元上。所以此刻，我们先忽略物种问题——假设有机体已经以一种令人满意的方式被归入所属的种当中去了。问题是：下一步该怎么办？我们要使用什么原则来把这些种划分到更高级的分类单元中去？

为了突出这一问题，我们先来思考下面的例子。人类、黑猩猩、大猩猩、倭黑猩猩、猩猩和长臂猿通常被一起归入类人猿总科。但是狒狒又不算作类人猿，为什么会这样呢？把人类、黑猩猩和大猩猩等放在一组，而又不把狒狒放在该组中，理由是什么呢？表现型分类学派的答案是，前一组都共有很多狒狒所没有的特征，例如没有尾巴。按照这种观点，分类学的编组应该基于**相似性**——应该把在重要方面相互类似的物种放在一起，排除不相类似的物种。直观上，这是一种合理的观点。因为它与分类的目的在于传达信息的观念是完全吻合的。如果分类学的分组基于相似性，知道一个特定的有机体属于哪个组就会告诉你很多关于它的可能特征。如果被告知一个给定的有机体属于类人猿总科，你将会知道它没有尾巴。而且，被传统分类学认可的许多分组似乎确实基于相似性。举个明显的例子，植物都具有动物所没有的很多特征，所以从表现型分类学派的观点看，把所有植物放在一个界而把所有动物放在另一界是很合理的。

然而，分支分类学派坚称，分类不该考虑相似性。真正需要考虑的是物种间的进化关系——我们所知的**种系发生**关系。分支分类学派同意狒狒应处于包括了人类、黑猩猩和大猩猩等的类群之外，但是如是判定的理由与物种间的相似和差异无关。真正原因在于，类人猿总科物种之间比它们与狒狒之间关联得更为密切。确切说来，这是什么意思呢？它意味着所有类人猿总科物种都有一个共同的祖先，这一祖先却不是狒狒的。需要注意的是，这并**不是**说类人猿总科物种和狒狒根本没有过共同的祖先。相反，如果在进化的时间上你能够追溯得足够久远，任何两个物种都有一个共同的祖先——地球上的所有生命被认定为有唯一的起源。关键之处在于，类人猿物种与狒狒的共同祖先也是许多其他物种，如各种各样的猕猴种的祖先。所以分支分类学派声称，包括了类人猿总科物种和狒狒的任何分类学类群必须也包括这些其他的物种。任何分类学类群都不能够**仅仅**包括类人猿物种和狒狒。

分支分类学派的核心观点是，所有的分类群，不管是属、科、总科还是其他，都必须是**单系的**。单系类群包括一个祖先物种和所有它的后代，但是不包括其他任何物种。单系类群大小各不一样。在一极是所有曾经存在过的物种形成一个单源类群，假定地球上的生命只有过一次起源。在另一极是只有两个物种的单系类群——如果它们是一个共同的祖先仅有的后代。只包括类人猿总科物种和狒狒在内的类群不是单系的，因为正如我们所看到的，类人猿总科物种和狒狒的共同祖先也是猕猴的祖先。所以按照分支分类学派的观点，它就不是一个真正的分类群。不管类群的成员有多么简单，只要该类群不是单系的，它就不允许出现在分支分类学的分类中。因为分支分类学派认为，与"自然"的单系类群相比，这种分组完全是人为的。

单系的概念通过图形很容易理解。且看图 2——通常称为**进化树**，该图表示了六个同期的物种（A—F）间的种系发生关

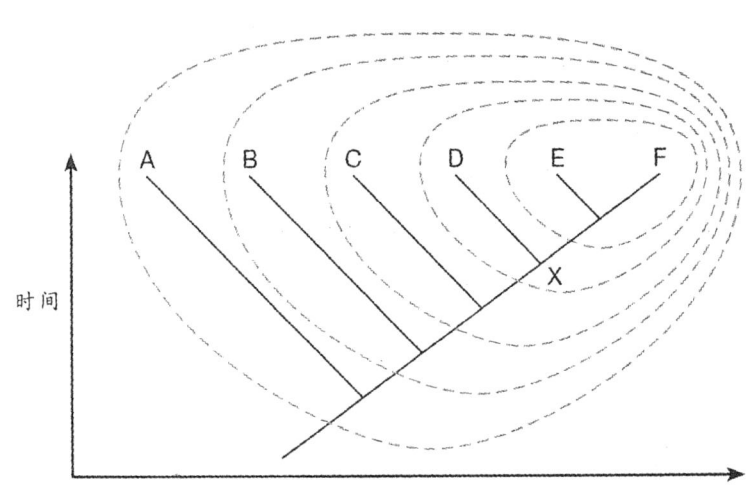

图 2　六个同期物种间的种系发生关系的进化树

系。如果我们在时间上回溯得足够久远，这六个物种都有一个共同的祖先，但是一些物种比其他物种间联系得更为紧密。物种 E 和 F 有一个非常近的共同祖先——它们的分支在相当近的过去相交过。相反，物种 A 与其余的后代在很久之前就分道扬镳了。现在来看 {D、E、F} 这一组。它是一个单系类群，因为它包含且只包含了所有只属于一个（未命名的）祖先物种的后代，在节点"X"，这一物种分为两枝。{C、D、E、F} 组同样也是一个单系类群，{B、C、D、E、F} 组也是一样。但 {B、C、D、F} 组却不是单系类群。原因在于，这四个物种的共同祖先也是物种 E 的祖先。图中所有单系类群都是环状的；任何其他的物

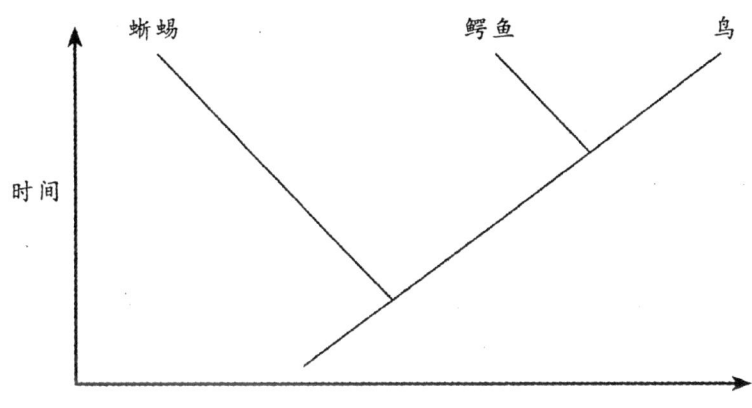

图 3　蜥蜴、鳄鱼和鸟之间的种系发生关系的进化树

种类群都不是单系的。

分支分类学派与表现型分类学派间的争论绝不纯粹是理论上的——有很多他们互有分歧的实际案例。一个著名的例子是关于爬虫纲或者爬行动物的。传统的林奈分类学认为蜥蜴和鳄鱼属于爬虫纲，但把鸟排除在爬虫纲之外而归入一个单独的鸟纲中。表现型分类学派赞成这一传统分类，因为鸟有其独特的、不同于蜥蜴、鳄鱼和其他爬行动物的身体结构和生理机能。但是分支分类学派主张爬虫纲根本不是一个真正的分类群，因为它不是单系的。如图 3 进化树所示，蜥蜴和鳄鱼的共同祖先也是鸟的祖先，所以把蜥蜴和鳄鱼放在一个把鸟排除在外的类群中违背了单系性要求。分支分类学派因此建议放弃传统的分类习惯：生物学家根本不应该谈论爬

虫纲，它是一个人造的而非自然的类群。这是一个非常极端的建议，即使那些赞同分支分类学精神的生物学家，通常都不愿意放弃被博物学家们很好地使用了几个世纪的传统分类范畴。

分支分类学派坚持认为，自己的分类方法是"客观的"而表现型分类学派的方法不是。这一指责当然有正确之处。因为表现型分类学派把物种间的相似性作为分类的基础，而对相似性的判断总会部分地含有主观成分。任何两个物种在一些方面都有相似之处，而在另一些方面不相似。例如，两个昆虫物种可能在身体结构上非常相似，但在摄食习惯上非常不同。那么，为了判断相似性，我们该选择哪些"方面"呢？表现型分类学派希望通过定义一种"整体相似性"的标准来避免这一问题，这种标准将考虑一个物种的所有特征，这样就有可能建立起完全客观的分类。尽管这一想法听起来很好，但是它却不可行，主要是因为没有明显的计算特征的方法。当今很多人认为"整体相似性"的观念在哲学上是可疑的。表现型的分类确实存在，并用在了实践中，但是它们并非完全客观。（对相似性的不同判断导致了不同的表现型分类，没有明显的方法可用来在它们之间进行选择。）

分支分类学派也面临着一系列它自己的问题。其中最严重的问题是，为了按照分支分类学的原则建立一个分类，我们就需要在设法分类的物种间弄清种系发生的关系，而这是非常困难的。仅通过观察这些物种显然不能弄清这些关系——它们只能通过推理得出。现在已经提出了多种推导种系发生关系的方法，但是它们还不十分完善。实际上，随着分子遗传学提出越来越多的证据，物种间种系发生关系的设想很快被推翻了。所以真正把分支分类学的思想变成实践是不容易的。在分类系统中只承认物种的单系类群当然省事，但是如果不知道一个给定的类群是否**是**单系的，这种方法用途就很有限。实质上，进化分类构建了关于物种间种系发生关系的假设，因而本来就是推测性的。表现型分类学派反对性地认为分类不应该在这方面有理论负荷。他们认为分类系统应该先于而非决定于对进化历史的推测。

尽管将分支分类学付诸实践存在着困难，并且分支分类学派在实际中常常建议对传统分类范畴进行相当根本性的修正，还是有越来越多的生物学家正转向这种分支分类学的观点。这主要是因为，分支分类学排除了表现型和其他分类法所具有的模糊性——它的分类原则尽管很难付诸实施，却非常清晰。并且，关于这一观点，即物种的单系类群是"自然的单元"而其他类群却不是，有一些非常直观的东西。此外，分支分类学还为生物学分类为什么应该是有层次的提供了真正的理由。如图3所示，单系类群总是处在彼此的内部，如果严格遵循单系性要求，分类的结果就自然而然有层次。立足于相似性的分类方式也会引出层次性的分类，但表现型分类学家对于**为什么**生物学分类应该有层次却没有提供类似的解释。非常惊人的是，博物学家几百年前就已开始对有机生物进行层级式分类，但是如此分类的真正原因直到最近才弄清楚。

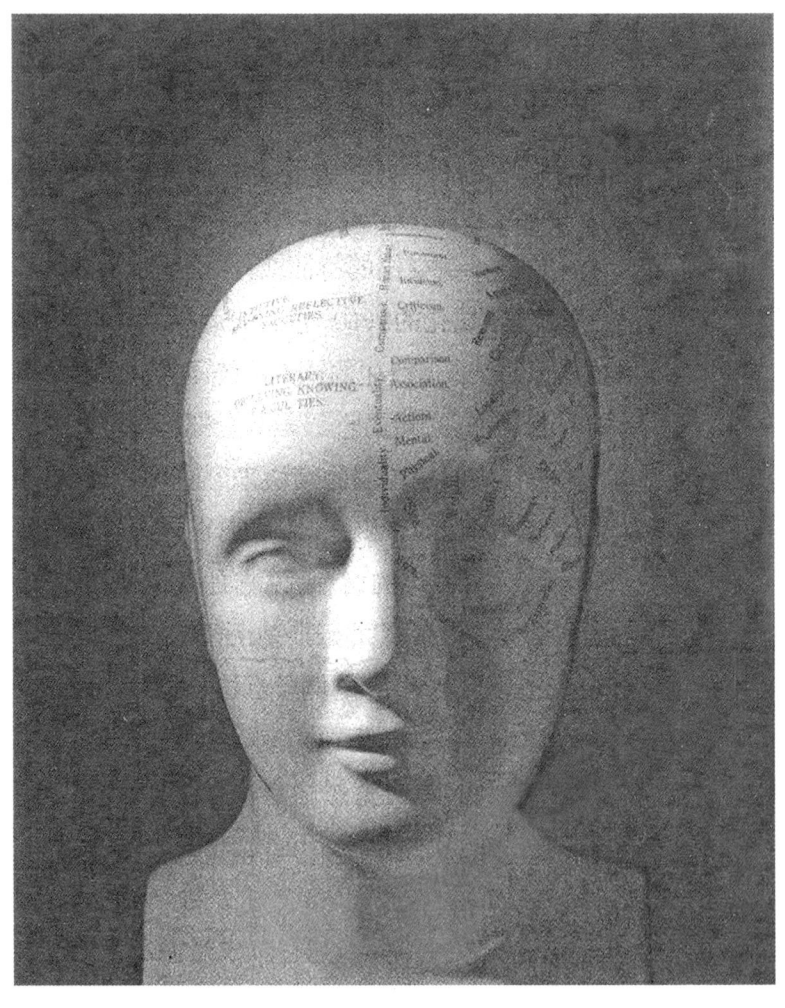

图 4　一种假设性的模块化意识示意图

### 意识是模块化的吗？

心理学的一个主要工作是理解人类如何执行他们的认知任务。"认知任务"并不仅仅指解纵横字谜之类的事情，也指安全地过马路、理解他人所说的话、辨认别人的面容以及在商店里核对找零之类的普通任务。不能否认，人类非常擅长于其中的许多任务——如此擅长以至于我们通常做得很快，几乎不伴随有意识的思考。为了认识这一点有多么不寻常，让我们来考虑一个事实，即不管付出多大的努力和代价，机器人从来都没有被设计成哪怕只有一点点像人类在真实生活情境中那样行动。没有机器人能够像人类普通的一员那样机敏地解纵横字谜，或者参与一个对话。不知为何，人类能够最轻松地完成复杂的认知任务。我们所知的认知心理学，其主要解释目标就在于设法理解这是如何可能的。

我们所关注的焦点是在认知心理学家中由来已久且不曾间断的一个争论，它所涉及的是人类意识的建构。一种观点认为，人类意识是个"万能解题器"。这意味着意识中有一套通用的解题技巧，或"通用智能"，意识把它们运用于无限多的认知任务上。所以不管人们是在数弹子，决定去哪家饭馆吃饭，还是在努力学一门外语，所使用的都是同一套认知能力——这些认知任务代表了人类通用智能的不同应用。与此相对的另一种观点则认为，人类意识中包含大量专门的子系统或模块，每一种都是被设计用来执行非常有限的一类任务而不能执行其他任务。这被称作**意识的模块性**假说。例如，人们普遍相信有一个特殊的语言习得模块，这一观点源自语言学家诺姆·乔姆斯基。乔姆斯基认为，儿童并不是通过听取成人的谈话后用他们的"通用智能"来找出所说语言的规则；而是在人类儿童中有一种独特的、自行运转的"语言习得机制"，它唯一的功能是，在适当刺激的情形下，让他或她学会语言。乔姆斯基为此论断提供了一系列给人深刻印象的证据——例如，甚至那些只有很低的"通用智能"的人通常也能通过学习把语言说得非常好。

模块性假说的一些最有说服力的证据来自于对脑损伤病人的研究，这种研究也被称为"缺陷研究"。如果人类心灵是万能解题器，我们就能预知，脑损伤会大致同等地影响所有认知能力。现实却并非如此。相反，脑损伤通常削弱某些认知能力而不伤及其他认知能力。例如，被称为"韦尼克区"的脑部的伤害会使得病人不能理解言语，尽管他们仍然能够说出流畅的、符合语法的句子。这就强烈地表明，句子的生成和理解有独立的模块——这样就能解释为什么丧失了后一种能力并不必然引起前一种能力的丧失。另外一些脑损伤的病人失去了长期记忆（遗忘症），但是短期记忆以及说话和理解能力丝毫没有受损。这似乎再次支持了模块性观点而反驳了把意识看成万能解题器的观点。

这种神经心理学上的证据尽管很有说服力，却没有一劳永逸地解决模块性的问题。一方面，这种证据比较稀少——显然不能只是为了了解认知能力受影响的状况而随意损坏人脑。另一方面，正如在科学中通常存在的，关于数据应该如何解释存在着严重的分歧。一些人认为，所观察到的脑损伤病人的认知障碍模式并不意味着意识是模块性的。他们声称，即使意识是万能解题器，即不是模块性的，脑损伤不同程度地影响不同的认知能力仍然是可能的。所以他们主张不能仅从缺陷研究来"轻率判断"意识的结构，这种研究最多只能提供有瑕疵的证据。

最近许多对模块性的关注要归功于杰里·福多尔，一位有影响力的美国哲学家和心理学家。福多尔于1983年出版了《意识的模块性》一书，该书既有对模块究竟为何物的非常清晰的论述，也有对哪些认知能力是模块化的、哪些不是的有趣假设。福多尔认为大脑模块有大量突出的特征，下面是其中最重要的三个特征：（1）它们是**领域化的**；（2）它们的运行是**强制性的**；（3）它们是**信息分隔的**。非模块化的认知系统不具有其中任何一个特征。福多尔接着主张，人类意识虽非全部但却部分是模块化的：有些认知任务我们用专门的模块来解决，有些任务我们用"通用智能"来解决。

说一个认知系统是领域化的，就是说它是专门化的：它负责一组有限的、精确划定的任务。乔姆斯基所假定的"语言习得机制"就是领域化系统一个很好的例子。这种机制的唯一功能就是使儿童学会语言——它并不帮儿童学会下棋、数数或者做其他任何事。所以这种机制完全忽略非语言性的输入。说一个认知系统

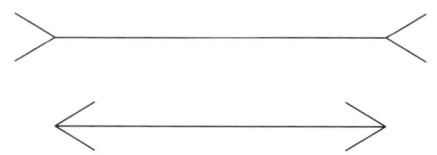

图5 米勒-利耶尔错觉。两条横线在长度上是相等的,但是上面的那条看起来更长

是强制性的,就是说我们不能选择是否让该系统运作。语言的感知是一个很好的例子。如果你听到一句用你所通晓的语言说出的句子,你就不得不把它听成是说出了一个句子。如果有人要你把该句听成"纯粹的噪音",不论如何努力,你都无法做到。福多尔指出,并非所有认知过程在这方面都是强制性的。**思维**明显就不是这样。如果有人让你回想生命中最恐惧的时刻,或者让你想象中了彩票后最想做的事,你明显能够照做。所以思维和语言感知在这方面非常不同。

信息分隔,即心理模块的第三个也是最重要的特征,又是怎样的呢?有个例子能最好地解释这一概念。观察一下图5中的两条线。

上面的那条线在多数人看来要比底下的那条长一点。但实际上这是一种视觉上的错觉,称作米勒-利耶尔错觉。实际上这两条线一样长。对于为什么上面那条线看起来更长,有着多种解释,这些解释并不是我们在此要关注的。这里的关键在于:**即使知道**

**它是一种视觉幻觉**，这两条线看起来仍然不一样长。在福多尔看来，这一简单的事实对于理解意识结构有着重要的启发。它表明，关于两条线不一样长的信息已被存储在认知意识的一块区域中，这块区域是我们的感知机制所不能达到的。这就意味着我们的感知机制是信息分隔的——它们不能获得我们拥有的所有信息。如果视觉感知不是以这种方式被信息分隔，而是能够使用我们存储在意识中的所有信息，那么只要被告知这两条线实际上一样长，这种错觉就会消失。

信息分隔的另外一个可能的例子来自人类恐惧症的现象。拿恐蛇症，或者说对蛇的恐惧的例子来说，这种恐惧症在人类中非常普遍，在许多其他的灵长类动物中亦然。这容易理解，因为蛇对于灵长类动物来说非常危险，所以通过自然选择，就很容易进化出对蛇的本能恐惧。但是不管对我们为什么这么怕蛇如何进行解释，关键之处仍在于下面这一点：即使你知道特定的一种蛇没有危险性，例如已经知道它的毒腺已被除去，你仍然很可能害怕这条蛇，而且不愿意触摸它。当然，这种恐惧症通常能通过训练来克服，但那是另外一回事。这里相关的要点是，该蛇不危险的信息不能进入你意识的这一部分，该部分在你看到蛇时会引起害怕的反应。这说明，每个人身上可能都有与生俱来的、信息分隔式的"恐蛇"模块。

你也许想知道为什么意识的模块性问题在根本上是一个哲学问题。意识是否是模块化的，这是否真的只是个经验事实的问题,尽管不容易回答。实际上这种说法不是很正确。模块性争论在一个方面是哲学性的,该方面关系到我们该怎么看待认知任务和认知模块。赞成模块性的人认为意识包含有执行不同认知任务的特定模块;反对模块性的人否定这一点。但是我们如何判定两个认知任务是同一类还是不同类呢?脸部识别是单一的认知任务还是由两个不同的认知任务构成的:识别男性的脸和识别女性的脸?做长除法和乘法是不同的认知任务,还是都是更一般的算术运算任务的一部分?这类问题是概念上的,或者说是哲学上的,而不是直接经验上的,它们对于模块性争论可能非常重要。假设模块性的一位反对者提出了一些实验性证据,表明我们仅使用同一套认知能力来执行许多不同类型的认知任务。她的反对者可能会接受这些实验性数据,但是同时声称,相关认知任务都是同一类型的,因此这些数据完全与模块性相符合。所以尽管乍看起来不然,意识的模块化争论还是深陷在哲学争论中。

最热衷地赞成模块性的人相信意识完全由模块构成,但是这种观点并不被广泛接受。福多尔本人也认为,感知和语言很可能是模块化的,但思想和推理几乎肯定不是。为什么不是?假设你正参加陪审团,在决定宣告有罪还是无罪裁决。你将怎样处理这一任务?你会考虑的一个重要问题是,被告的陈述在逻辑上是否一致——是否没有矛盾?你可能问自己,现有的证据是否刚好与被告的罪行相符,或者是否很强地支持了罪行的成立。显然你在此所用的推理技巧——检查逻辑一致性和评估证据——是**通用的技巧**；它们不是专门设计出来用于陪审团的。你在许多领域都使用这些技巧。所以你在仔细考虑被告的罪行时所运用的认知能力不是领域化的。同样它们的运用也不是强制性的——你必须有意识地思考被告是否有罪，并且能够在任何你想要停止的时刻，例如在午休时间，停止这种思考。最重要的是，这里同样也没有信息分隔。你的任务是**全面考虑**，决定被告是否有罪，所以你也许必须运用所拥有的任何背景信息，只要你认为相关。例如，如果被告在审问之下紧张痉挛，并且你相信紧张的痉挛总是有罪的一种标志，你就可能会利用这一信念来作出裁决。所以这里没有信息的储存，它是你用来作出裁决的认知机制所不能通达的（尽管法官可能会提醒你忽视某些事情）。简言之，这里不存在决定一名被告是否有罪的模块。你是用"通用智能"解决这一认知问题的。

福多尔的命题，即意识尽管不是全部但部分是模块化的，这样看来便十分合理。但是确切说来有多少模块、这些模块具体负责什么，在当前的研究状况下还是无法回答。福多尔本人对认知心理学解释人类意识运作方式的可能性非常悲观。他坚信，只有对模块化的系统才能进行科学的研究——非模块化系统因并非信息分隔而更难以做出模型。所以在福多尔看来，认知心理学家最好的研究策略是关注感知和语言，而不管思维和推理。但是福多尔思想的这个方面颇具争议。并非所有心理学家在意识的哪些部分是模块化的、哪些不是的问题上都同意他的观点,也并非所有心理学家都赞同,只有模块化的系统能够被科学地研究。

选自《科学哲学》,萨米尔·奥卡沙著,
韩广忠译,译林出版社,2013年。

# 想象的实体:牛顿对"力"的最初思考

吴以义

## 1

牛顿1642年出生,上距伽利略去世近一年,距哥白尼日心学说的发表几乎恰是一百年。这时在欧洲的学术中心,已经几乎没有人怀疑日心学说了。但是,亚里士多德的世界图景,也不是可以那么简单地抛弃。火气水土,清浊自分,日月星辰,运行有序;亚氏的系统,提供了一种对于宇宙万物秩序的合于理性合于常识的图景。现在学者们面临的局面是,对于亚氏说来不成问题的事儿,一下子都变成了必须面对的难题。

首先是行星凭借什么运动。对于亚氏而言,星辰自在月上,那儿和我们所厕身的世界迥然不同,星体做永恒的圆周运动,没有损耗,自然没有衰退和终结。这种"月上"的完美图景一旦被打破,自然产生的问题就是，星体运动的源泉是什么，是什么不知疲倦地推动星体做年复一年的运动而不稍怠懈。

当时流行的是法国人笛卡尔的涡旋理论。照笛卡尔的说法，宇宙为一种极其精细神奇的小颗粒充满。因为这些小颗粒之间没有任何空隙，它们的运动只可能是在相邻的小颗粒位移的同时，一个挨着一个地像连环串珠似的运动，这就形成了涡旋，而星体则为其裹挟，随同运动。这就说明了为什么星体总是沿圆形的轨道运动，也为巨大星体能悬浮在似乎空无一物的宇宙空间而不坠落提供了一种可以想象的解释。至于运动在这些小颗粒之间以及小颗粒和星体之间的传递，则完全依赖于它们的实质接触，或者叫作碰撞，就好像我们平常玩的台球，母球击中彩球，造成了彩球的运动，这本来是人人可见，无需想象就可以接受的。

而且，这种运动一旦开始，就不会没有缘故地止息，"物质的各个部分永远保持一种相同的状态，除非与别的（东西的）碰撞改变了这种状态。"这就解释了天体运动的永恒。但是这种精细的小颗粒究竟是什么呢？笛卡尔说，既然这种东西是在我们的自由想象之中的，如果你愿意的话，让我们赋予它一个特性，其中绝对没有任何东西是任何人所不能充分了解的。由此，让我们直接假定，这种东西的形状不像土，也不像火，也不像气，也不像任何特定的，比如木头、石头或金属的形状，也没有冷热干湿、轻重，也没有味道、气味，声响颜色，光或类似的东西……

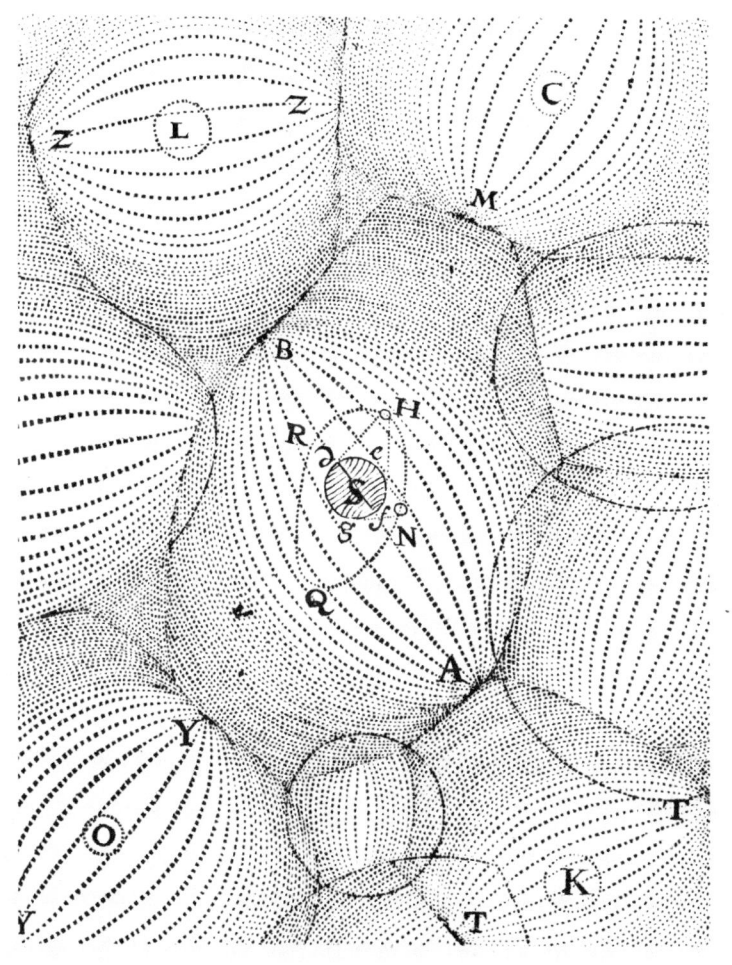

笛卡尔所作的关于行星必须沿着某种涡流形的轨道运动的图。这是一种错误的观点。他所持的观点部分是基于亚里士多德的"自然厌恶真空"的说法。古希腊的哲学家认为没有空间能保持完全的真空,一定要有某种物质去填充它。图取自笛卡尔1644年所著的《哲学原理》一书

原来这是在"自由想象"之中的,他的宇宙图景正是以他所构造的这一概念,后来叫作"精细物质"的东西,为基本元素的。这种"精细物质"是不是实体,并不在考察之中:

> 关于我们感官所不能知觉的那些事物,我们只消解释它们如何能够存在就行……不过我相信,我所指出的各种原因,其结果既然和自然中一切现象都确切符合,那么我虽然没有断定它们确实是由这些或那些原因产生的,我也就把自己应尽的职责做到了。……

这样看来,笛卡尔并不认为外部世界中事物之间的因果联系,可以排他性地确指。他的理论的真实性和真理性是建立在理论概念和推理本身的清晰之上的。概念清晰,推理严密,这是笛卡尔所要求的真理标准。

笛卡尔对他自己的哲学颇有信心,还不到四十岁,他即在给友人的信中宣称:

> 虽说还要修改誊清,我的论著差不多完成了,因为已经没有什么新鲜的东西遗漏,或要再作追寻,我发现很难再做什么了……

确实,他有理由这么说。在牛顿出生的那个年代,笛卡尔

笛卡尔正在为女王和宫廷成员授课

的理论在欧洲大陆风靡。以这种观念为基础解释世界，理解自然万物的，后来被称作机械论哲学，在欧洲影响了不止一代的研究者。

## 2

牛顿出生在英格兰的伍尔索普，距这个小村子最近的是格兰瑟姆，属林肯郡，大概有三四百户人家。虽然不在政治经济或者学问的中心，这个地方也不怎么闭塞，外面世界的消息时有传来，但当地人也没有什么兴趣罢了。

从牛顿的早期笔记本我们知道，他小时候似乎很是郁闷，到19岁时才以"减费生"的名义进了剑桥大学。在那儿，他接触到了亚里士多德的《工具论》，玛吉瑞斯的《逍遥派物理学》，但最突出的是笛卡尔的学说。在他那时的笔记本里，笛卡尔被引用15次之多，有时在一则摘录下会罗列多达11个参考页码，涉及近十部笛卡尔的著作，而以对《沉思录》和《哲学原理》的讨论最为丰富。对于笛卡尔的概念说，牛顿写道：

概念对于外在客体来说，不过是一个空洞的名字或者叫法，但对于心灵来说，……却是一个真正的实在，或者叫作理念智能的一种状态，就好像印章上的文字对印章来说不过是一种刻画，印到蜡封上，就成了蜡封的一种状态。

牛顿注意的论题相当广泛，诸如"物体的本质不在于轻重软硬而在于其广延性"之类。和我们现在讨论的主题相关的，是牛顿对笛卡尔涡旋理论的一连串讨论，这时牛顿显然还没有深入质疑这一理论的能力。他提出可以用早潮晚潮的测量来发现"涡旋的压迫形式"，还对笛卡尔《哲学原理》第二篇第55章中的论述提出了问题，特别是如何用这一理论来解释彗尾，因为按照笛卡尔的说法，彗尾应该是弯的。之后，从1664年到次年春天，牛顿对彗星还做了数十次的观察。

牛顿还显示了对波义耳关于气体实验的巨大兴趣，记录了波氏关于真空和摆的讨论，他注意到声音在真空中要"弱得多"。这种对波义耳的关注，在几十年后，会上升为一种关于炼金术的秘密同盟，当然，这是题外话。

和这些我们耳熟能详的科学人物并列的，是我们现在只能称之为"江湖术士"的奇人。牛顿几次提到的第格拜，先是天主教徒，改宗以后，一心向学，成为皇家学会最早的成员之一，曾用法文撰写"同情"对治愈伤口的作用。大陆机械派哲学家对他嗤之以鼻，但牛顿显然没有简单地排斥他，反而认真地转录了他的文字。格兰维尔因为《教条化的浮夸》，一时很得浮华的大名，牛顿也很认真地读了他的书并做了记录。（牛顿注意到，清新的空气，良好的摄生，适量地饮用甜酒有助于发展想象力；但如果把极度的学习热情倾注到思维想象之中，可能会使人发疯。他当时当然没有想到，三十年后，他正是因此发生精神崩溃，写信指责他的挚友洛克"用女人扰乱"他,着实让他的朋友们吃了一惊。)

当牛顿踏进学术世界的时候,他所处的局面,和大陆的学者有一点明显的不同:在英格兰,机械论并未形成对隐秘科学的压倒优势。一方面,笛卡尔玄妙的概念和推理令人着迷,另一方面,实验和隐秘科学的传统仍旧坚强。在这样的学术气氛中,牛顿开始了对宇宙结构的思考。

## 3

在亚里士多德体系里,地球是宇宙的中心,万物由其本性奔赴地球中心,寻求其自然位置,是自然之理,人人习以为常,不必解释,不须证明。一旦地心图景被打破,这个本来不成问题的问题变成了一个大难题。

开普勒认识到这一点,尝试通过与铁磁性的类比来解释,诉诸"生灵",提出"吸引"概念,把当时的大陆学术界着实吓了一跳:

> 重力是一种同类物体相互之间合为一体的或吸引的实在的倾向;由此,地球对于石块的吸引比石块趋奔地球大得多,磁力则是这类事情的另外一个例子。

> 重物不是被作为世界的中心扯拽而趋奔中心的,而是被作为一个同类的球形物体,即地球的中心扯拽而趋奔中心的。由此,不论地球处于何处,或者它是不是带有生灵的能力,重物总是向

地球趋奔。

如果地球和月亮不是由一种生灵的力或与之等效的东西滞留在它们的轨道上，那么地球就会向月球方向上升两者间间隔的五十四分之一，而月球则向地球方向下降大约（其余的五十四分之）五十三，在那儿，它们合在一起——假定它们的密度相同的话。

开普勒明确提出了"重力"这一概念，并且指出重力并非是地球或亚氏的"世界中心"所特有的，而是一种普遍存在于"同类物体"之间的倾向。这种诉诸"同气相求"的论述方式，自然令人想到巫术和与"生灵"的可能的关系。这显然并没有令开普勒感到什么不安，虽然对于十几二十年后机械论哲学弥漫的欧洲，这当然是必须扫荡的胡言乱语，所有的哲学家都不屑一顾。

但是在英格兰的牛顿没有这么绝对。我们可以从他在剑桥求学时的笔记本里看到一些蛛丝马迹，猜想他对于"力"这一概念的神秘追寻。在讨论笛卡尔的"第一物质"时，他写道：

> 这（案指"第一物质"）是数学的点呢……还是一种无法辨认的划分之前的单纯的实体呢，还是一种个体，即原子。……一个数学点是空的，因为它只是一个想象的实体。

"一个想象的实体"，一个有趣的表述，一句写上又被划掉的话。本来，按笛卡尔的说法，实体就不是想象的，想象出来的就不是实体。牛顿是不是想说，还有一些东西，它们像实体一样存在，但并非像实体一样实在？这段话大概写于 1662—1663 年间，后来，据牛顿自己说：

> 在 1665 年，我开始考虑延伸到月球轨道的引力……从开普勒关于行星公转周期同它们到各自轨道中心的距离成 3/2 次方比的定律中推出，把行星保持在它们的轨道上的力必与它们绕之旋转的中心的距离的平方成反比，我于是比较了把月球保持在它的轨道上所必需的力和地球表面的万有引力，发现此两力差不多密合。

这段著名的说辞来自牛顿晚年和梅泽的通信，当时梅泽正在编纂一本文集，收入若干牛顿和欧洲大陆学者的通信。我们很难想象，在含糊地谈论"一个想象的实体"之后的一两年，牛顿就能如此清晰地给出宇宙图景，包括适用于所有天体的"万有"引力，包括 3/2 次方定律和平方反比定律的关系，也包括了以此为背景的月—地关系及其验证。现在大部分研究者都认为，牛顿是夸大其词，因为他的虚荣心常常使他做些不必要的蠢事，而他所描述的这些成就，其实是他在以后二十多年里通过艰苦的努力渐次取得的。

牛顿对这些问题的想法可能起于对笛卡尔理论的深思熟虑。他注意到，涡旋假说面临许多困难。每颗行星通过伸向太阳的半径掠过正比于环绕时间的面积，涡旋各部分的周期正比于它们到太阳的距离的平方。但要使行星周期获得到太阳距离的 3/2 次幂的关系，涡旋各部分的周期应正比于距离的 3/2 次幂。……太阳和行星绕其自身的轴的转动，又应当对应于属于它们的涡旋运动，因而与上述这些关系相去甚远。彗星的运动极为规律，是受制于与行星运动相同的规律支配的，但涡旋假说却完全无法解释；因为彗星以极为偏心的运动自由地通过同一天空的所有部分，绝非涡旋说可以容纳。

当然，这种质疑和诘难并不构成正面的替代性的理论。牛顿下一步的发展，对于物理学来说，是真正革命性的，而其核心，就是引入"力"的概念。

和开普勒的与"生灵"切切相关、基于"同气相求"的神秘的力的概念不同，牛顿的力是可以切实感受到的，处处存在的。这是他的几乎涵盖其一生的炼金术研究向他提示的最显而易见而又最幽深玄妙的东西。这不是抽象的概念，而是人人可见的现象；这又不是简单的现象，而是发人深省的提示。

牛顿的炼金术—化学研究跨越了从 1669 年到 1696 年的漫长时段，近三十年。牛顿去世时留下的 1752 本藏书中，有 138 本炼金术著作，31 本化学书，占藏书量的 9.5%。他在这一方面的笔记，"大部分是他的亲笔"，超过 65 万字。他对炼金术的钻研，据他的助手报道，达到了痴迷的程度：

> 特别是在春天或落叶时节，他常常六个星期一直留在实验室里，不分昼夜，炉火总是不息……

而他自己则报告说这种研究让他"欣喜惊讶":

我把这样一个盛有金液的容器放在火上,可以看出,其中的金子不是因腐蚀成原子而化解,而是靠着内外夹击的力量化成了水银……液滴冲腾四溅,颜色逐日变化,种种现象常使我欣喜惊讶。

实验展示的种种神奇变化,自然激发了深入的思考,牛顿问道:

当酒石酸盐发生潮解时,是不是由酒石酸盐粒子与以蒸汽形式飘浮在空气中的水粒子之间的一种吸引作用所造成的?为什么食盐、硝石或矾就不会潮解,是否由于它们缺乏这样的吸引?

"吸引"!眼前的现象明白提示,"吸引"的概念并不似大陆哲学家断言的那样不可想象。这是一种不同于碰撞的,不能以碰撞形式规范的,迫使物体相互靠近的相互作用模式,似乎并不一定要像开普勒那样诉诸"生灵的"东西,虽然它们只能从人的感受中表现出来:

重力纵非人手之力,也只能表现在以人手之力来搬动重物的过程中。但我考虑的……主要是与重力、浮力、弹力、流体阻力以及其他无论是吸引力抑或推斥力相联系的问题。

这有些玄，但这段论述的真正精彩之处在于，牛顿清楚地认识到，抽象地谈论"力"是没有意义的，"力"只能由其效果感知，测量，成为物理学的一个基础概念。幸运的是，牛顿没有在"力是什么"这样的形而上问题上纠缠，他明确地指出：

我在此使用"吸引"一词是广义的，指物体所造成的相互趋近的一切企图，不论这企图来自物体自身的作用……不论这媒介是物质的还是非物质的……我使用"推斥"一词同样是广义的，在本书中我并不想定义这些力的类别或物理属性，而只想研究这些力的量与数学关系……

稍后，他再次强调说：

这些吸引力是如何实现的，这里我就不研究了。我们说的吸引力可以通过冲击或其他我们不知道的方式来实现。我在这里用这个字眼不过是一般地用它来表示任何一种能使物体彼此趋近的力，而不管其原因何在。

稍后他再强调说：

不论这原因是由中心物体或者别的尚不曾见过的事物引起。在此我只给出这些力的数学表述，不涉及其物体根源和地位。

牛顿的这种描述性态度，使得他可以绕开诸如"力的本质"之类的极其困难的问题而利用这一概念推进力学天文学研究。在牛顿力学中，"力"始终是作为运动变化的原因进入讨论的。在人人耳熟能详的第二定律，$F=ma$，力正是作为运动改变的原因出现的。它所表现的，是为理解运动的最基本的因果关系：因为力的作用，运动发生了改变。如果稍加留意，我们会立即注意到，作为衡量"力"的单位，牛顿，并不是一个基本量，其量纲是千克米每二次方秒。这是可以理解的：加速度和质量是可以观察测量的量；我们看见的，是速度的变化，而力的作用是由这种变化间接地标识的。

这种抽象化，使得我们可以在更广大的范围内使用力的概念。牛顿以"力"作为核心概念构造了他的行星运动理论，最终完成了对哥白尼日心图景的说明。

## 4

牛顿突破大陆机械哲学的藩篱，采用"吸引力"的概念而摒弃其诉诸生灵的神秘成分，解释了物体下落。下一个自然出现的问题是：既然物体相互吸引，自然下落，那么为什么月亮不掉下来呢？对亚里士多德来说，月亮自在月上世界，不存在下落的问题。但是，一旦打破亚氏的月上月下划分，这个不成问题的问题就成了另一个难题。牛顿坐在苹果树下沉思的，正是为什么苹果会砰然落地而月亮不掉下来。

天体运动的问题在17世纪70年代颇引人瞩目并且令人困惑。按照笛卡尔惯性定律，物体如无外来干涉，应该是做匀速直线运动。而如果引入万有引力的概念，在其作用之下，物体应该落向地球。而事实上人人都知道，月球既不飞离也不下落。胡克早在1666年，就注意到了这一点。他说这有些奇怪：

我一直觉得很不可解，行星又没有被限制在任何坚实的轨道之中，为什么非要按照哥白尼的假定绕着太阳运动……又没有任何可见的绳索把它们捆绑在它们的中心，却从不过分地脱离中心，也不沿直线运动，就像所有的物体受一次推动以后就必须（按此一方式）运动那样……

他随后提出了这样的猜想：

……能使直线运动变为曲线运动的原因可能是来自中心物体的一种吸引属性，通过这种性质，中心物体一直竭力要把它引向或拉向自身。……也许这种猜测，会给我们提供一个关于它们运动的真正假说。

当然，胡克说的只是"也许""猜测""假说"。他进一步从《创世记》出发，想到天地构造有所不同，但都有规律可循。对于天，光当然是最核心的物事，对于地，重力自然是当之无愧的对应物。他由此得出:"接下来是两条伟大的运动定律描述,这两条定律构成世界的形态和秩序;第一条关于光,第二条关于重力。"利用光和引力的类比,胡克认定引力和光一样,也是以平方反比的规律传播。这种推理方式,在我们看来有些离奇,但是,在当时他面临的困难主要却是这假定的引力无法测量:

这种引力作用有多强,取决于被作用的物体距离其中心有多近。至于它们的关联程度是多少,我现在还没有用实验去验证……

胡克的强项是实验。他去世后不久出版的《遗著》,煌煌八开本几六百页,讨论运动和光的作用,太阳和彗星,记忆,心灵对于器官的运用,重力和磁力的原因,地震,航海和天文所用的仪器,无所不谈而且多有建树;十五卷本《牛津早期科学史》中有五卷是介绍他的,而他最重要的成就,当数以实验和观察为基础的《显微术》,常被称作和伽利略的《星际使者》同样的石破天惊。但是,用实验的方法研究引力,实在太难了,甚至到了几百年后的今天,仍旧是个难题,遑论当年。胡克没有继续他的实验研究,而转向了另外一个问题:

剩下来要问的,是引力根本的原因是什么,即到底是什么不可见的、不可感觉的力量造成了(我们所说的)这种结果。好些人想通过不同的努力来解释它,但就我所遇见过的,没有一个让我

## 4 想象的实体:牛顿对"力"的最初思考

满意;他们不能说明现象,尽管他们的假定让人眼花缭乱,(不能说明)是什么使得物体向中心移动。

这又是一个解不开的难题,直到今天,我们仍旧不知道它的答案。回看胡克,他的研究常承袭笛卡尔式的思辨论说而少推理,更是没有和数学论证结合,因此也鲜有可供验证的预测。从研究手段来看,他还没有进入他所在的那个伟大的时代。

1679年,胡克担任皇家学会的通信秘书,在和牛顿的通信中提到把行星的运动分解为径向和切向两个分量来分析。但据牛顿自己说,他并没有特别留意。在后来给牛顿的信中,胡克还提到了引力的作用方式可能是与其"到中心的距离的平方成反比的",提到了高悬地表的物体下落时的轨迹"有点儿像是椭圆",并且明白地提出,是中心引力把行星"拉住",不使其飞离中心体。但是,他始终没能够把他的种种现在看来令人吃惊的猜想变成严谨的理论,而把这一光荣留给了他很不喜欢的牛顿。

我们已经看到,牛顿对于引力的思考所取的途径和胡克的有根本的不同。他没有走进追寻引力本质的死胡同。牛顿的做法是,正如他后来在"推理法则"中明白申明的那样,是从现象出发,把相同的现象归于相同的原因。他首先肯定,我们称使天体停留在其轨道上的力为向心力。现在已经弄清楚,它不是别的,而是一种起吸引作用的力,以后我们即称为引力。

对于本质上是惯性的离心力,牛顿找到了与之平衡,并因此把行星保持在轨道上的对抗物。这就把"离心力"转换成一种有物理意义的存在，叫作"引力"，但是，我们只能从其作用效果感知它。我们还记得牛顿谈论的"想象中的实在"。我们当然不能坐实他说的就是现在我们讨论的引力，但思想源流的痕迹还是清晰可见的。

尽管没有证明，在17世纪80年代初，英伦学者好像都接受了引力以平方反比的方式作用的说法。1684年初，哈雷、胡克和另一位皇家学会的学者瑞恩偶尔相聚，谈起行星运动。这不奇怪，因为行星运动本来就是当时热门的话题。但这次谈话有意思的地方在于，它们把如何运动的问题，具体化到了"如何从平方反比原则推出行星轨道是椭圆，或是从椭圆轨道推出引力以平方反比作用"，这就使得讨论走出了笛卡尔式的思辨，而成为现代科学所能理解的一个有意义的问题。哈雷稍后问及牛顿，牛顿回答说他早就知道了答案。不久，牛顿把证明寄给了哈雷，利用离心力公式和开普勒的3/2次方定律，得到了胡克利用光和引力的类比作出的"猜测"，严谨地导出了平方反比公式。换言之，牛顿证明，如果一个天体以符合开普勒3/2次方定律的方式绕中心体运动，那么制约其运动的力必然是以平方反比的方式作用的。这一证明从本质上说有两个主要的支撑点，一是惠更斯从纯数学导出的离心力公式，二是开普勒从观测数据中归纳出来的3/2次方定律，这就把关于天体运动的讨论完全置于经验和现象之上，摒弃了以前的玄想和猜测。再后，全面论述星体运动的大书完成，是为《自然哲学的数学原理》。

## 5

说实在的,"引力"概念的产生远早于牛顿的时代。但是,这种看不见摸不着的东西始终没有进入精密科学研究的视野。伽利略在谈论物体下落时,曾一针见血地指出:

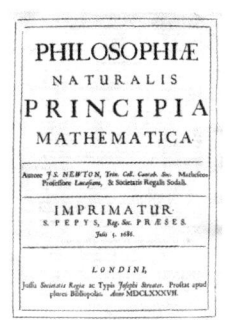

牛顿所著《自然哲学的数学原理》封面。本书中牛顿用数学方法阐明了宇宙中最基本的法则——万有引力定律和三大运动定律,被认为是"人类智慧史上最伟大的一个成就"。

> 你错了,辛普利丘,你应当说谁都知道它叫作"吸力"。我问你的不是它叫什么名字,而是它的本质,而你对它的本质和你对那个使星体运动的原因同样毫无所知;我只知道它的名字叫什么,而这个名字是由于不断的日常接触而变得家喻户晓,但是我们并不真正知道是什么原因或者什么力量使石头下落……正如我们把此外无数运动的原因归之于"自然"一样。

这段话大概写于 1632 年,距牛顿出生还不到十年。面对伽利略的逼问,牛顿

承认,他无法正面回答:

> 迄今为止我们以引力作用解释了天体及海洋的现象,但还没有找出这种作用的原因。它当然必定产生于一个原因,这个原因穿越太阳与行星的中心,而且它的力不因此受丝毫影响;它所发生的作用与它所作用着的粒子的表面的量无关,而是取决于它们所包含的固体物质的量,并可向所有方向传递到极远的距离,总是反比于距离的平方减弱。……但我迄今为止还未能从现象中找出引力的这些特性的原因……但这些事情不是寥寥数语可以解释得清的……我们还缺乏必要而充分的实验。

牛顿多次声明,他谈论的不是这种作用本身,而是这种作用所导致的现象:

> 我对这些力不从物理上而只从数学上加以考虑:所以,读者不要望文生义,以为我要划分作用的种类与方式,说明其物理原因或理由,或者当我说到吸引力中心,或者谈到吸引力性质的时候,以为我要在真实和物理的意义上,把力归因于某个中心。

既然拒绝了对引力本质的追求,牛顿成功地避免了陷入无休止的形而上的讨论。牛顿说,既然力引起的结果是显而易见和无可置疑的,我们就把讨论限制在说明事实的范围,这就在哲学和物理学之间划出了一条明晰的界限。

不论就实效而言，还是就本质而言，上帝都是无所不在的，因为没有本质就没有实效。一切事物都包含在他之中并且在他之中运动……但却是以一种完全不属于人类的方式，一种完全不属于物质的方式，一种我们绝对不可知的方式行事。……我们能知道他的属性，但对任何事物的真正本质却一无所知。……对于我们说来，能知道引力确实存在，并按我们所解释的规律起作用，并能有效地说明天体和海洋的一切运动，即已足够了。

给研究设定了如此的界限，牛顿构造了一套新的方法论。《自然哲学的数学原理》的第三部分，展示了这种新的论述结构。首先，他致力于定义力学的基本量，质量和运动，然后转向了"力"。在八个基本定义中，和"力"相关的独占六个，足以显示牛顿对此的困惑和重视。未加任何说明，牛顿把各种各样的力，"惯性力""向心力""冲力"乃至"引力"归为同类，用同一种方式去讨论处理。这样做的依据，牛顿在后来加上的"推理原则"中明白宣称，在于（推理规则2）对于相同的自然现象，必须尽可能地寻求相同的原因。

他说这是规则1的一个推理，而规则1则要求寻求原因时"不得超出足以解释现象者"。这一规则的基础，牛顿说，是"自然不做徒劳的事"，"因为自然喜欢简单"。他没有进一步说明自然为什么喜欢简单，但是这种类似于简单性原则的哲理性规定，在科学思想史中有很深的根基，当时和后来也就没有什么人打算认真挑战这一原则。以此为基础,牛顿把太阳系各星体归为一类,更明确地肯定,他所说的"力"可以一直推广到所有行星运行。当然,他仍旧没有说明为什么他有如此信心做这么大的一个跳跃:

正是这同一个把太阳置于六个主要行星的中心的力量,不论它是自然的或是超自然的,也是把土星置于它的五个卫星轨道的中心、把木星置于它四个卫星轨道中心、把地球置于月球轨道中心。

他进一步把各种"吸引"归为一类:

这样看来,大自然将是很自洽和简单的,天体的一切巨大运动都是在作用于那些物体之间的引力的吸引下进行的,而这些物体的粒子的几乎所有的微小运动,都是在作用于这些粒子之间的某些其他的吸引力和排斥力之下进行的。

至此,这种神秘的作用变成了我们耳熟能详的"万有引力","万有"者,天地之间任何物事都普遍具有之谓也。牛顿关于"力"的观念的发展线索可以约略归纳如下:从涡旋说的困难,看到了放弃笛卡尔图景的必要;从炼金术—化学的研究,看到了用"力"的概念来描述自然作用的可能。这"力"首先由化学反应中某些物质相互之间的"吸引"作用所提示,这种吸引为解释化学反应的机制所必需。这种在化学中表现出来的"力",与"重力、浮力、弹力、流体阻力"应该是一回事,"因为自然本来就是和谐的"。再进一步,它和天体之间的作用力也应该是一回事,"因为自然本来就是和谐的"。我们曾经提到过,在科学创造的最精深微妙的阶段,通常的逻辑推理过程会中断,代之以几乎不可思议的想象和跳跃,这儿,把"力"的概念不加证明地外延扩展,即是一例。如果规规然把力划分为炼金术的力和物理学的力,隐秘幻术的力和机械论哲学的力,把牛顿划分为炼金术的牛顿和物理学的牛顿,则不仅不能准确地说明这一概念的发展,而且也极大地简化了历史,化精彩为平庸,遑论神奇。

牛顿对于"力"的工作在科学方法论上有重要的意义。炼金术和天体运行研究所提示的"力"的概念当然不同于笛卡尔式的向壁虚构,而是有着清晰可寻的现象的支持;但是这种现象所提示的,却并非"力"的本身,而是其效果。如果我们相信自然界中确实存在因果联系,自然过程确实是由因果联系规范的,可以由可见的结果上溯到必然的原因,那么"力"就是一个实实在在的"想象的实体"。从这一角度考察问题,我们就不再在"力"的本原和本质问题上作形而上的纠缠,科学研究的基本做法也从解释变成了描述,从对最后因的追求过渡到了对具体的、可以验证的因果关系的严谨推求,这在后来成了科学研究的一种规范。

原载"科学春秋"公众号。

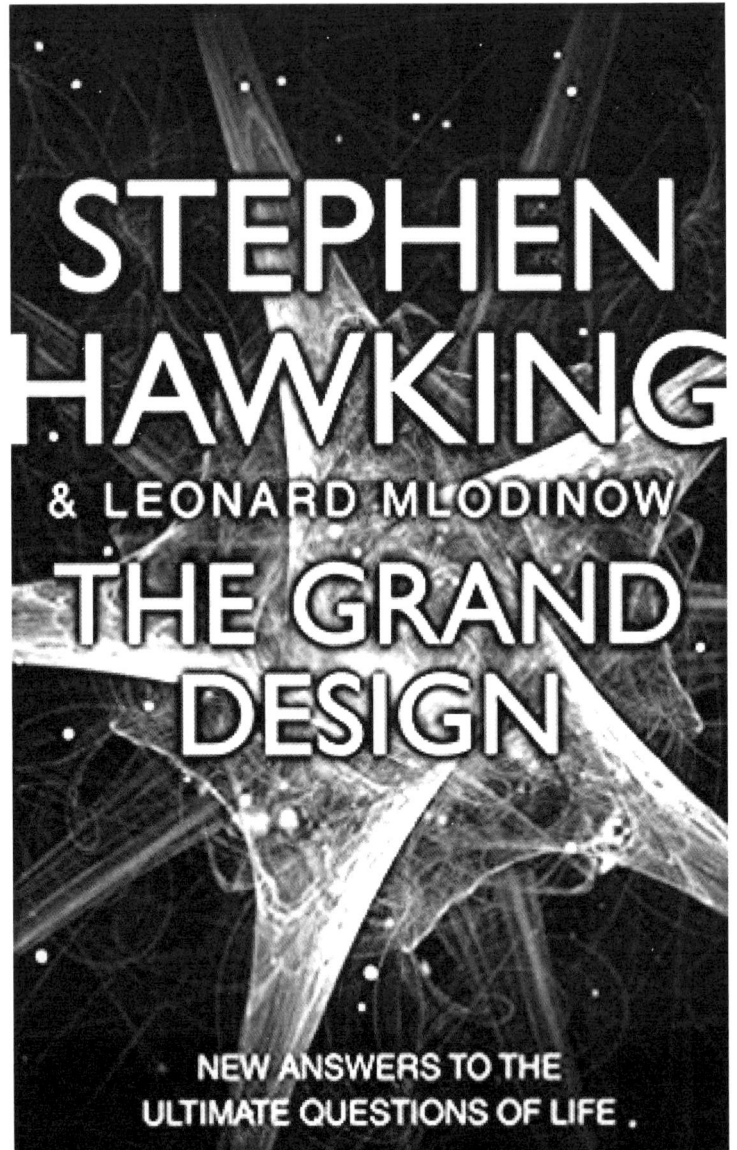

在《大设计》中，霍金对一个就科学而言具有某种终极意义的问题表明了立场

# 何为实在

霍金

| 导读 |

《大设计》一书可以视为霍金的"学术遗嘱",他在书中讨论了三个问题,或者说他在这三个问题上作出了站队选择:一、上帝,霍金认为上帝的假设是不必要的。二、外星人,霍金加入了反对人类主动与外星文明交往的阵营,他可能是迄今为止加入这一阵营的最"大牌"的科学家。三、世界的真实性,这主要表现在《大设计》第三章。

在这一章中,霍金得出结论:"不存在与图像或与理论无关的实在性概念"(There is no picture- or theory-independent concept of reality),他所认同的是一种"依赖模型的实在论"(model-dependent realism)。对此他有非常明确的概述:"一个物理理论和世界图像是一个模型(通常具有数学性质),以及一组将这个模型的元素和观测连接的规则。"

这很容易让人想到哲学史上的贝克莱主教（George Berkeley,1685—1753）——事实上霍金很快就在下文提到了贝克莱的名字——和他的名言"存在就是被感知"。非常明显，霍金所说的理论、图像或模型，其实就是贝克莱用以"感知"的工具或途径。这种关联可以从霍金"不存在与图像或理论无关的实在性概念"的论断得到有力支持。

在哲学上，一直存在着"实在论"和"反实在论"。前者相信存在着一个客观的外部世界，这个世界不以人的意志为转移，不管人类观察、研究、理解它与否，它都同样存在着。后者则在一定的约束下否认存在着这样一个"纯粹客观"的外部世界，比如"只能在感知的意义上"承认有一个外部世界。现在霍金以"不存在与图像或理论无关的实在性概念"的哲学宣言，正式加入了"反实在论"阵营。

几年前，意大利蒙札市议会禁止宠物的主人把金鱼养在弯曲的鱼缸里。提案的负责人解释此提案的部分理由是，因为金鱼向外凝视时会得到实在的歪曲景色，因此将金鱼养在弯曲的缸里是残酷的。然而，我们何以得知我们拥有真正的没被歪曲的实在图像？难道我们自己不也可能处于某个大鱼缸之内，一个巨大的透镜扭曲我们的美景？金鱼的实在的图像和我们的不同，然而我们能肯定它比我们的更不真实吗？

金鱼缸

金鱼的实在图像和我们自己的不同,但金鱼仍然可以表述制约它们观察到的在鱼缸外面物体运动的科学定律。例如,由于变形,我们观察一个自由物体在一条直线上运动,会被金鱼观察成它是沿着一条曲线运动。尽管如此,金鱼可以从它们变形的参考系中表述科学定律,这些定律总是成立,而且使它们能预言鱼缸外的物体的未来运动。它们的定律会比我们参考系中的定律更为复杂,但简单性只不过是口味而已。如果一条金鱼表述了这样的一个理论,我们就只好承认金鱼的风景是实在的一个正确的图像。

托勒密(约85—约165年)在公元150年左右提出一个描写星体运动的模型,这是一个实在的不同图像的著名例子。托勒密的研究发表在十三册的一部论文中,这部论文通常以阿拉伯文题目《天文学大成》而众所周知。《天文学大成》从解释为什么认为地球是一个球形的、静止的、位于宇宙中心,并与星空的距离相比是小到可以忽略开始。虽然阿里斯塔克提出日心模型,但至少自亚里士多德时代开始,大多数有教养的希腊人都持有这些信仰,亚里士多德由于神秘的原因相信地球应该位于宇宙的中心。在托勒密模型中,地球静止地位于中心,行星和恒星在非常复杂的轨道上围绕着它运行,这些轨道牵涉到周转圆,正如轮子上的轮子。

由于我们没觉得脚下的地球在运动(除了地震或者激情澎湃的时刻),这个模型似乎是自然的。后来的欧洲学术是基于传承下来的希腊之源,于是亚里士多德和托勒密的观念就成为多数西方思想的基础。天主教会采用托勒密的宇宙模型当作正式教义达14个世纪之久。直至1543年,哥白尼才在他的著作《天体运行论》中提出一个另外的模型。虽然他已花了几十年来研究此理论,该书在他逝世那年才出版。

正如大约早17世纪的阿里斯塔克,哥白尼描写其中太阳处于静止,而行星以圆周轨道围绕着它运转的一个世界。尽管这个思想并不新,其复活却遭到激烈的抵制。哥白尼模型被认为和圣经相抵触,尽管圣经从未清楚地说明,但被解说成行星围绕着地球运动。事实上,在撰写圣经的时代,人们相信地球是平坦的。哥白尼模型引起关于地球是否静止不动的狂热辩论。这个辩论于1633年因伽利略受到异端审判而达到高峰。他的罪名是提倡哥白尼模型并认为"在一种信念被宣布并确定为与圣经冲突之后,人们仍然可以把它当作可能的信念予以坚持并捍卫"。他被裁决有罪，判为终身软禁，并被迫宣布放弃原先的信仰。据说他低声嘀咕道："可是它仍在运动。"1992年，罗马天主教廷终于承认谴责伽利略是错误的。

那么，托勒密系统或哥白尼系统，哪个是真实的？尽管人们时常说哥白尼证明了托勒密是错的，但那不是真的。正如在我们的正常观点和金鱼的观点相比较的情形，人们可以利用任一种图像作为宇宙的模型，对于我们天空之观测，既可从假定地球处于静止，也可从假定太阳处于静止得到解释。尽管哥白尼系统在有关我们宇宙本性的哲学辩论中的作用很大，然而它的真正优势是在太阳处于静止的坐标系中运动方程要简单得多。

在科幻影片《黑客帝国》(Matrix)中发生了不同类型的另类实在。影片中的人类不知不觉地生活在由智慧电脑制造的模拟实在之中，当电脑将他们的生物电能（不管为何物）吸吮时，便保持平静而

托勒密宇宙：按照托勒密观点，我们生活在宇宙的中心。

满意。这也许没那么牵强,因为许多人宁愿在网络的虚拟实在中消磨时日,例如"第二人生"。我们何以得知,我们不仅是一部电脑制作的肥皂剧中的角色呢?如果我们生活在合成虚拟世界中,事件就不必具有任何逻辑或一致性或服从任何定律。进行操控的外星人也许在看到我们反应时会觉得更有趣更开心,例如,如果满月分开两半,或者在这世界上每个节食的人显示对香蕉奶油饼的毫不节制的渴望。但是如果外星人实施一致的定律,我们就无法得知在这模拟的实在背后是否还有另一个实在。将外星人生活的世界称作"真的",而把合成世界当作"假的"是很容易的事情。但是如果——正如我们这样——在模拟世界中的生物不能从外面注视到他们的宇宙之中,他们就没有理由怀疑他们自己的实在图像。这是我们都是他人梦中的想象物的观念的现代版本。

从这些例子中,我们可得到对本书非常重要的结论:**不存在与图像或理论无关的实在概念**。相反地,我们将要采用称为依赖模型的实在论观点:一个物理理论和世界图像是一个模型(通常具有数学性质)以及一组将这个模型的元素和观测相连接的规则的思想。这提供了一个用以解释现代科学的框架。

从柏拉图以来的哲学家长期争议实在的性质。经典科学是基于这样的信念:存在一个真实的外部世界,其性质是确定的,并与感知它们的观察者无关。根据经典科学,某些物体存在并拥有诸如速率和质量等物理性质,它们具有明确定义的值。在这种观点里,我们的理论是试图去描述那些物体及其性质,并且将我们的测量和感觉与之对应。无论是观察者还是观察对象都是具有客观存在的世界的部分，它们之间的任何区别都是无意义的。换言之，如果你看到一群斑马在停车场争夺一块地方，那是因为真的有一群斑马在停车场争夺那个地方。所有其他正在看的观察者都会测量到同样的性质，而且不管是否有人在看这群斑马，它们都具有那些性质。在哲学中，这一信仰称为实在论。

虽然实在论也许是诱人的观点，正如我们将在下面看到的，我们有关现代物理的知识使得要为它辩护变得非常困难。例如，根据精确描述自然的量子物理原理，除非并且直到一个粒子的位置或速度被一位观察者测量，这个粒子既不拥有明确的位置也不拥有明确的速度。因此，说测量之所以给出一定的结果，是因为被测量的量在测量的时刻具有那个值是**不**正确的。事实上，在某种情形下，单独的物体甚至并没有独立的存在，而仅作为众多的系统的部分而存在。而且如果一种称为全息原理的理论被证明是正确的，那么我们以及我们的四维世界可能是一个更大的五维时空在边界上的影子。在那种情形下，我们在宇宙中的地位即类似于金鱼的状况。

彻底的实在论者经常论证道，科学理论描绘实在的证明在于它们的成功。但不同理论可以通过全异的概念框架成功地描述同样的现象。事实上，许多已被证明成功的理论后来被其他基于全新的实在性概念之上的同样成功的理论所取代。

传统上，那些不接受实在论的人被称为反实在论者。反实在论者相信经验知识和理论知识彼此不同。他们一向争论道,观察和实验是有意义的,而理论只不过是有用的工具,并不体现任何作为被观察现象的基础的更深刻真理。一些反实在论者甚至要将科学限制于可被观察的东西。因为这个原因,19世纪时的许多人基于我们永远看不见原子而拒绝原子的概念。乔治·贝克莱(1685—1753年)甚至如此极端,他断言除了精神及其思想,没有任何东西存在。当英国作家兼辞典编纂人萨缪尔·约翰孙博士的一位朋友对他说起不可能反驳贝克莱的声明时,据说约翰孙的反应是,走近一块大石头,踢它并宣布:"我如此反驳他。"当然,约翰孙感觉的脚痛也还是他头脑中的一个思想,所以他还未真正驳斥贝克莱的观念。但其行为确实解释了哲学家大卫·休谟(1711—1776年)的观点。后者写过,尽管我们没有合理的理由信仰一个客观的实在,我们也别无选择,只好装作仿佛它真是那样的。

依赖模型的实在论使实在论和反实在论的思想学派之间所有这类争议和讨论变得毫无意义。按照依赖模型的实在论,去问一个模型是否真实是无意义的,只有是否与观测相符才有意义。如果存在两个都和观测相符的模型,正如金鱼的图像和我们的图像,那么人们不能讲这一个比另一个更真实。在所考虑的情形下,哪个更方便就用哪个。例如,如果一个人处于金鱼缸内,那么金鱼图像会是有用的,但对外界的人们而言,在地球鱼缸的参考系里去描述从远处星系来的事件就会非常笨拙,尤其是因为地球围绕太阳公转并围绕着自己的轴自转,而鱼缸在随着地球运动。

我们在科学中制造模型,然而我们在日常生活中也制造模型。依赖模型的实在论不仅适用于科学模型,还适用于我们所有人为了解释并理解日常世界而创造的有意识和下意识的心理模型。没办法将观察者——我们——从我们对世界的认识中排除,认识是通过感觉过程以及通过思维和推理方式产生的。我们的认识——因而我们理论以其为基础的观测——不是直接的,而是由一种类似透镜之物——我们人脑的解释结构塑造的。

依赖模型的实在论对应于我们感觉对象的方式。在视觉中,人的大脑从视觉神经接受一系列信号。那些信号并不构成你会从电视接受的那类图像。在视觉神经连接视网膜之处有一盲点,还有你的视场具有高分辨率的部分仅处于视网膜中心周围大约1度的狭窄视角,这个范围的角度和你伸出手臂时大拇指的宽度一样。而如此送入你头脑的未加工的数据就像有个洞的模样般古怪的图像。幸运的是,人脑处理那个数据,将两只眼睛的输入结合在一起,假定邻近位置的视觉性质类似,再填满缝隙并应用插入技术。此外,大脑从视网膜读到二维的数据排列并由它创生三维空间的印象。换言之,大脑建立心理图像或模型。

在建立模型方面,大脑是如此称职,如果人们配上一种上下颠倒其眼中之像的眼镜,他们的大脑在一段时间后就会改变模型,使之再次看到正确方向的东西。如果之后摘下眼镜,在一段时间内,他们看到的世界是上下颠倒的,然后会再次适应。这表明,当一个人说"我看到一把椅子"时,他的意思仅仅是他利用椅子散射

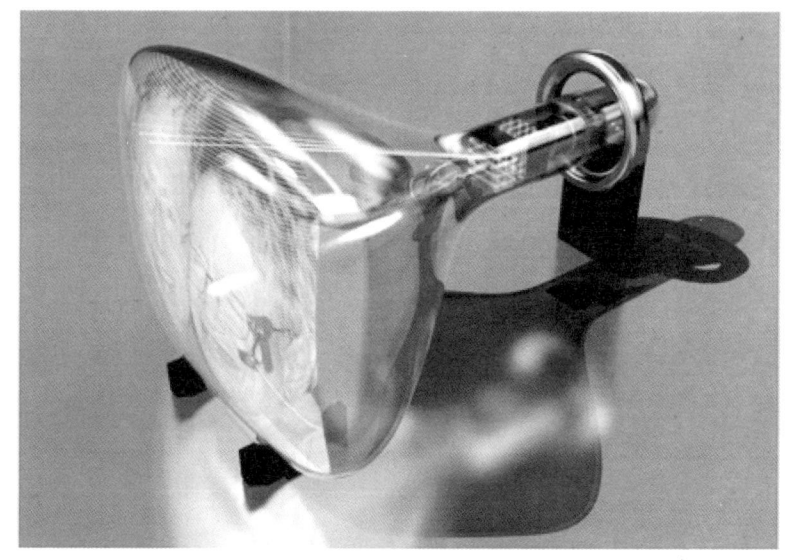

阴极射线：我们看不见单独的电子，然而我们能看到它们产生的效应

来的光建立一个椅子的心理图像或模型。如果模型上下颠倒，在他坐到椅子上去之前，幸运的是，他的脑子改正了那个模型。

依赖模型的实在论解决或至少避免的另一个问题是存在的意义。如果我走出房间而看不见桌子，我何以得知那桌子仍然存在呢？那么说我们看不见的东西，诸如电子或据说是构成质子和中子的叫夸克的粒子存在是什么意思呢？人们可以拥有模型，在该模型中，当我离开时桌子消失了，而当我返回时，桌子又在同一位置出现了，然而那会是笨拙的。而如果我在外面时发生了某些事

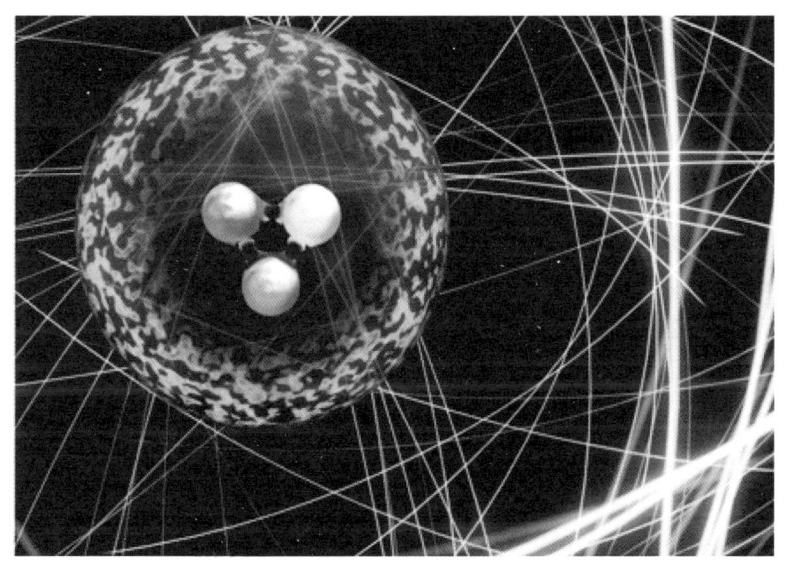

夸克：尽管单独夸克不能被观测到，但是夸克的概念是我们基本物理理论的一个不可或缺的要素

情，比如讲天花板落下怎么办呢？在我离开房间时桌子消失的模型下，我能够解释下次我进入时在天花板碎片之下损毁的桌子重现的事实吗？桌子留在原地不动的模型要简单得多，并与观测相符。那就是人们能问的一切。

在我们看不见的亚原子粒子的情形下，电子是一个有用的模型，它能解释像在一个云雾室中的轨迹和电视显像管上的光点这类观测结果，以及许多其他现象。据说1897年英国物理学家J. J. 汤姆生在剑桥大学的卡文迪许实验室发现了电子。他是利用在真空玻璃管中的电流来做称为阴极射线现象的实验。从实验中，他获得一个大胆的结论，神秘的射线由微小的"微粒"构成，这种微粒是原子的构成物质，那时原子被认为是物质的不可分的基元。汤姆生没有看到"电子"，他的实验也没有直接或清晰地证明他的预测。但在从基础科学到工程的应用中这个模型证明是关键的，而现在所有的物理学家都确信电子存在，即便看不到它。

我们也看不见夸克，它是解释原子核中的质子和中子性质的一个模型。虽然说夸克构成质子和中子，因夸克之间的束缚力随着分离而增大，因此孤立的自由夸克不可能在自然中存在，所以我们永远观察不到夸克。相反地，它们永远以 3 个一组（质子和中子）或者以夸克反夸克对（π 介子）存在，而且它们间的作用就像由橡皮带连接在一起似的。

自夸克模型首次提出之后的年月里，人们一直在争议一个问题：如果你永远不能分离出一个夸克，说夸克真的存在是否有意义。一些亚亚核粒子的不同结合构成了某些粒子的思想提供了一种编组原理，由此对其性质给予简单而吸引人的解释。但是，尽管物理学家已习惯于接受那些粒子，它们也只从有关其他粒子散射的数据中的统计的短促哔哔声中推断其存在。对许多科学家而言，将实在性赋予一个在原则上也许不能被观测到的粒子，这个思想是太过分了。然而，这么多年来，随着夸克模型导出愈加正确的预言，反对的声音也随之消退。某种拥有 17 只手臂、红外眼以及习惯从耳朵吹出浓缩奶油的外星生物会进行与我们相同的实验观察，但不用夸克描述之，这是完全可能的。尽管如此，根据依赖模型的实在论，夸克存在于一个和我们对亚核子粒子如何行为的观察一致的模型中。

依赖模型的实在论能够为讨论诸如下述之类的问题提供框架：如果世界是在有限的过去创生的，那么在那之前发生了什么？一位早期的基督教哲学家圣·奥古斯丁（354—430年）说，其答案不是上帝正为问此类问题的人们准备地狱，而是时间是上帝创造的世界的一个性质，时间在创生之前不存在，他还相信创生发生于过去不那么久的时刻。这是一个可能的模型。尽管在世界上存在化石和其他证据使之显得古老得多，（它们被放在那里是用来愚弄我们的吗？）那些坚持创世记中的叙述确实是真的人很喜欢这个模型。人们还能拥有一个不同的模型，在这模型中时间往回延续137亿年到达大爆炸。该模型解释了包括历史和地学的证据在内的大部分现代观测，它是我们拥有的对过去的最好描绘。第二种模型能解释化石和放射性记录，以及我们接受来自距离我们几百万光年的星系来的光的事实。因此，这个模型——大爆炸理论——比第一个更有用。尽管如此，没有一个模型可以说比另一个更真实。

有些人支持时间能回到甚至比大爆炸还早的模型。目前还不清楚其中时间延续回到比大爆炸还早的模型是否能更好地解释现代的观测，因为宇宙演化的定律似乎在大爆炸处崩溃。如果出现这种现象，那么去创造一个包含早于大爆炸的时间的模型就没有意义，因为那时存在的东西对于现在没有可观测的后果，如此我们不妨坚持大爆炸是世界的创生的观念。

一个模型是个好模型，如果：

1. 它是优雅的，
2. 它包含很少任意或者可调整的元素，
3. 它和全部已有的观测一致并能解释之，
4. 它对将来的观测做详细的预言，如果这些预言不成立，观测就能证伪这个模型。

例如，在亚里士多德的理论中，世界由土、气、火和水4种元素构成，而且物体是为了满足它们的目的而行为，这个理论是优雅的，并不包含可调节的元素。但在许多情形下，它并未做出确定的预言，而当它预言时，又并不总与观测一致。这些预言中的一个是，因为物体的目的是下落，因此较重的物体应下落得较快。在伽利略之前似乎没人想到过去验证这个预言。传说他从比萨斜塔上释放重物来检验它。这故事可能是伪造的，但我们确知，他把不同的重物从一斜面上滚下，并且观察到它们都以同样速率获得速度，这与亚里士多德的预言相矛盾。

上面的标准显然是主观的。例如，优雅就不是容易测量的某种东西，但科学家们非常重视它，因为自然定律是意味着把许多特殊情况经济地压缩成一个简单公式。优雅是指理论的形式，但它与缺少可调整元素紧密相关，因为一个充满了敷衍因素的理论不很优雅。用爱因斯坦的话说，一个理论应该尽可能简单，但不能更简单了。托勒密把周转圆加到周转圆上，或者甚至在其上再加周转圆。虽然增加的复杂性可使模型更精确，可科学家不满意一个被扭曲去迎合特有的一组观测的模型，他们倾向于把它看成数据表，而非一个可能体现任何有用原理的理论。

在第五章中，我们将要看到，许多人认为描写自然的基本粒子相互作用的"标准模型"不优雅。那个模型比托勒密的周转圆成功得多。它在几个新粒子被观测到之前就预言其存在了，并于几十年间以巨大的精确性描述了极多实验的结果。但它包含了几十个可调节的参数，其数值必须为了配合观测而被固定下来，而不是由理论本身所确定的。

关于第四点，当新的令人震惊的预言被证明正确时，总给科学家留下深刻印象。另一方面，当一个模型发现做不到这一点时，一种普遍反应是说实验错了。如果证明不是那种情形，人们经常仍然不抛弃这个模型，而试图通过修正来挽救它。尽管物理学家执著地努力拯救他们赞美的理论，但随着改动变得做作而且繁琐，理论因此而变得"不优雅"，人们修正理论的热情也就消退了。

如果容纳新的观测所需的修正过分雕琢，这就标志着需要新模型。稳态宇宙的观念是老模型迫于新观测而撤退的一个例子。20世纪20年代，多数科学家相信宇宙是静止的，或者在尺度上不

折射：牛顿的光模型能解释为什么光从一种介质进入另一种介质时弯折，但它却不能解释我们现在称为牛顿环的另一种现象

变。后来埃德温·哈勃于1929年发表了他的观测，显示宇宙正在膨胀。哈勃观察到由星系发射出的光，但并未直接观察到宇宙在膨胀。那些光携带特征记号，或曰基于每个星系成分的光谱。如果星系相对于我们运动，光谱就会改变一个已知的量。因此，哈勃由分析远处星系的光谱能够确定它们的速度。他原先预料会找到离开我们运动的星系数目与趋近我们运动的星系一样多。相反地，他发现几乎所有的星系都在做离开我们的运动，而且处在越

远的地方，它们就越快地运动。哈勃得出结论，宇宙正在膨胀。但其他人坚持早先的模型，试图在稳态宇宙的框架中解释他的观测。例如，加州理工学院的物理学家弗里茨·兹威基建议，也许由于某些还未知的原因，当光线穿越巨大距离时慢慢地损失能量。这种能量减小会对应于光谱的改变。兹威基提议的这种改变能够模拟哈勃的观测。在哈勃之后的几十年间，许多科学家继续坚持稳态理论，但最自然的模型是哈勃的膨胀宇宙模型，而今它已经被接受了。

在探寻制约宇宙的定律之际，我们表述了许多理论或模型，诸如四元素理论、托勒密模型、热素理论和大爆炸模型等。我们的实在和宇宙的基本成分的概念伴随着每个理论或模型而改变。比如，想想光的理论。牛顿认为光是由小粒子或微粒构成。这就解释了为什么光会沿直线行进，而且牛顿利用它来解释当光从一个媒质进入另一个媒质，比如从空气进入玻璃或者从空气进入水时，它为什么弯折或折射。

然而，微粒论不能解释牛顿自己观察到的称作牛顿环的现象。把一个透镜置于一面平坦的反射板上，并用单色光诸如钠光对其照射。从上往下看，人们将看到一系列明暗相间的圆环，它们以透镜和表面接触点为圆心。用光的粒子论来解释这个现象很困难，但在波动论中就能得到解释。根据光的波动论，那被称作干涉的现象导致亮环和暗环。一个波，比如水波，是由一系列波峰和波谷组成。当波碰撞时，如果那些波峰和波谷刚好分别一致，

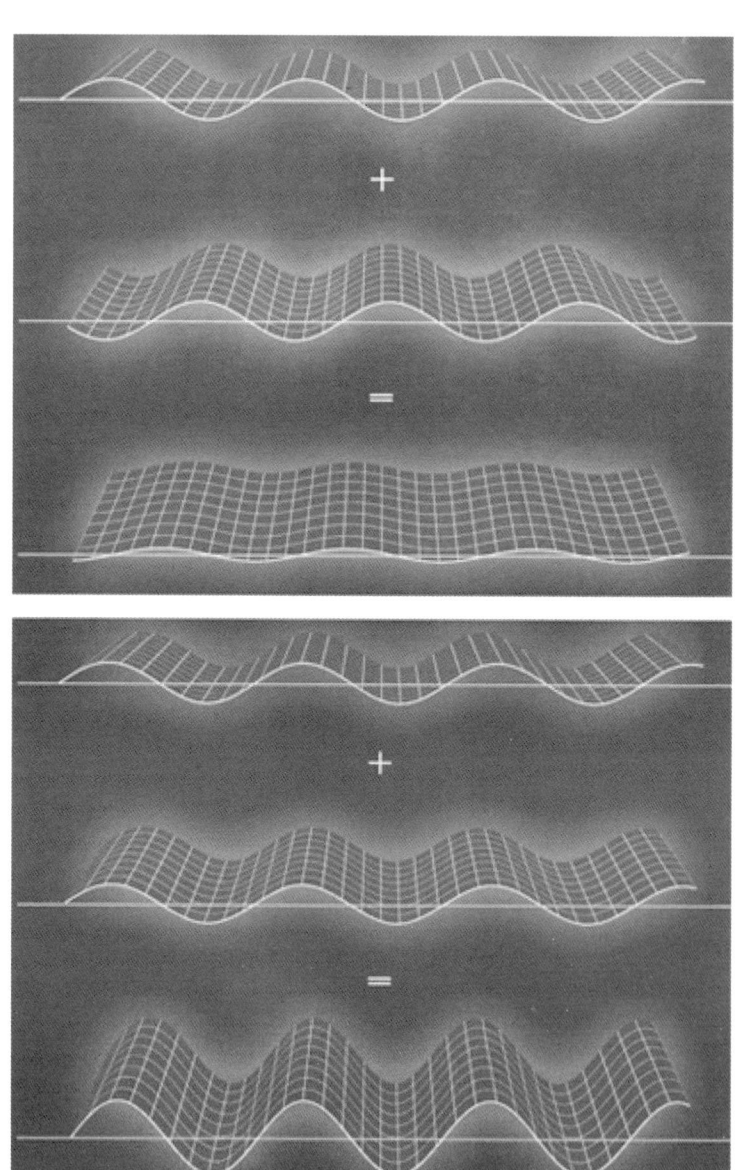

干涉:正像人一样,在波相遇时它们会倾向于要么相互加强,要么相互削弱

池水干涉：干涉概念在日常生活中出现，在从水池到海洋的水体中

它们就互相加强，获得更大的波。这称为相长干涉。在这种情形下，波被称为处于"同相"。在另一种极端，当波相遇时，一个波的波峰可能刚好与另一个波的波谷重合。在那种情形下，波相互对消，被称为处于"反相"。这种情形称为相消干涉。

在牛顿环中，亮环位于离开中心的距离为该处透镜和反射板之间的分离使得从透镜反射的波和板上反射的波相差整数（1，2，3，…）倍的波长，产生了相长干涉。（波长是一个波的波峰或波谷和下一个波峰或波谷之间的距离)。另一方面,暗环位于离开中心的距离为该处的两个反射波之间相差半整数(1/2,3/2,5/2,…)倍的波长,引起相消干涉——从透镜反射的波抵消了从平板反射回来的波。

在19世纪,这个被用来确认光的波动论,还证明了粒子论是错误的。然而,在20世纪早期,爱因斯坦证明,用光粒子或量子打到原子上并打出电子可解释光电效应(现在用于电视和数码相机中)。这样,光既作为粒子又作为波来行为。

波的概念深入人心,或许是因为人们见过海洋,或者见过把一块小圆石扔进后的小池塘。事实上,如果你曾将两块小圆石扔进小池,你也许看到了干涉作用,正如在前面图画中那样。其他的液体也能观察到类似的行为,也许除了酒以外,如果你喝得太多的话。从岩石、圆石和沙就很熟悉粒子的概念了。但这种波/粒对偶性——一个物体既可描述成粒子也可描述成波的思想——对于日常经验而言,却犹如你能喝下一块砂岩的想法那么怪异。

类似这样的对偶性——两个非常不同的理论精确地描述了同样的现象的情形——和依赖模型的实在论相一致。每个理论都能描述并解释某些性质,而没有一个理论能说比其他的更好或更真实。考虑制约宇宙的定律,我们所能说的是:似乎不存在一个单独的数学模型或理论能够描述宇宙的方方面面。相反地,正如开篇提到的,似乎存在一个称作M理论的理论网络。在M理论网络中,每个理论都能很好地描述在一定范围的现象。只要在其范围交叠之处，网络中的不同理论一致，这样它们都能被称作同样理论的部分。但在这网络中没有一个单独的理论可能描述宇宙的各个方面——自然的所有的力，感受到那些力的粒子，以及这一切在其中发生的空间和时间框架。尽管这种情形未实现传统物理学家的单独统一理论之梦，然而在依赖模型的实在论的框架中是可被接受的。

我们将在第五章中进一步讨论对偶性和 M 理论，但在这之前，我们将转向量子论，它是作为我们现代自然观基础的基本原理。我们要特别关注称作可择历史的量子论方法。按照那种观点，宇宙并非仅具有单独的存在或历史，而是每种可能的宇宙版本在所谓量子叠加中同时存在。这听起来就像只要你离开房间桌子就会消失的理论一样疯狂，然而在此情形下，该理论通过了它所经受的所有实验的验证。

选自《大设计》第三章，霍金著，<br>吴忠超译，湖南科学技术出版社，2011 年。

## 声 明

按照《中华人民共和国著作权法》相关规定,本书中所涉及文字作品、美术作品、摄影作品等,我们已尽量寻找原作者支付报酬,但因条件限制有些仍未能联系到原作者,原作者如有关于支付报酬事宜可及时与出版社联系。

**图书在版编目(CIP)数据**

科学哲学:有一种追问没有尽头/江晓原主编. — 上海:上海教育出版社, 2019.6
(江晓原科学读本)
ISBN 978-7-5444-9232-4

Ⅰ.①科… Ⅱ.①江… Ⅲ.①科学知识 – 普及读物
Ⅳ.①Z228

中国版本图书馆CIP数据核字(2019)第122272号

策划编辑　宁彦锋
责任编辑　宁彦锋　茶文琼
书籍设计　陆　弦
印装监制　朱国范

江晓原科学读本
**科学哲学:有一种追问没有尽头**
江晓原　主编

| | |
|---|---|
| 出版发行 | 上海教育出版社有限公司 |
| 官　　网 | www.seph.com.cn |
| 地　　址 | 上海市永福路123号 |
| 邮　　编 | 200031 |
| 印　　刷 | 上海中华商务联合印刷有限公司 |
| 开　　本 | 889×1194　1/32　印张7.5　插页4 |
| 字　　数 | 142千字 |
| 版　　次 | 2019年7月第1版 |
| 印　　次 | 2019年7月第1次印刷 |
| 书　　号 | ISBN 978-7-5444-9232-4/N·0027 |
| 定　　价 | 48.00元 |

如发现质量问题,读者可向本社调换　　电话:021-64377165